GLORIA

GLORIA

UNA HISTORIA SOBRE LA FAMA Y LA INFAMIA

SABINA BERMAN

 Planeta

Diseño de portada: Alejandra Ruiz Esparza
Fotografía de portada: AFP /Martin Bernetti
Fotografías en páginas interiores:
  Con autorización de Christian Keller (pp. 19-21, 182-183, 195-197, 199 y 203), Shanik
    Berman (pp. 67 y 115), Beatriz Sánchez Monsiváis (pp. 68 y 100), Aline Hernández (pp.
    88-89), Paty Chapoy (pg. 112) y Alberto Tavira (pg. 139).
  © 2014, The Associated Press (pp. 26, 44, 55, 63, 123, 132-133 y 158-159)
  © 2014, Latinstock México (pg. 45)
  © 2014, Procesofoto /José Manuel Jiménez (pg. 128)
  © 2014, Grupo Editorial Notmusa (pg. 134)
  © 2014, AFP /Juan Carlos Pérez. Notimex (pp. 189-190, excepto por el cabezal de la revista
    Quién, cortesía de Grupo Expansión)

© 2014, Sabina Berman
Derechos reservados

© 2014, Editorial Planeta Mexicana, S.A. de C.V.
Bajo el sello editorial PLANETA M.R.
Avenida Presidente Masarik núm. 111, 2o. piso
Colonia Chapultepec Morales
C.P. 11570, México, D.F.
www.editorialplaneta.com.mx

Primera edición: septiembre de 2014
ISBN: 978-607-07-2357-5

Impreso en los talleres de Litográfica Ingramex, S.A. de C.V.
Centeno núm. 162-1, colonia Granjas Esmeralda, México, D.F.
Impreso y hecho en México – Printed and made in Mexico

gloria. (Del latín *glorĭa*). Reputación. Fama. Honor que resulta de las buenas acciones y grandes calidades.

Antónimos: Infamia. Mala fama.

El presente es un trabajo de investigación y crítica sobre la trayectoria artística de Gloria Trevi y sobre otros tópicos de interés público. Es un relato apegado a la verdad y que incluye citas de las entrevistas que realicé a varias personas, entre ellas las que realicé a Gloria Trevi a lo largo de varios días. Dichas citas o reproducciones se fundamentan en el artículo 148 de la Ley Federal del Derecho de Autor, así como en ejercicio del derecho a la información previsto en los artículos 6° y 7° de la Constitución mexicana, y 13° de la Convención Americana sobre Derechos Humanos.

I

1

—El tapete verde.

Gloria achica los ojos y repite:

—El tapete de estambre verde.

Yo estoy furiosa al responderle:

—Qué diablos, Gloria. El tapete verde existe. ¿O vas a negar que existe?

—No lo niego —: Gloria.

—Entonces explícate por Dios. ¿Estás demandándome porque escribí sobre un tapete verde que existe en casa de tu suegra?

El esposo de Gloria, Armando, tercia:

—Es que escribiste sobre el tapete verde, que existe, sí, pero escribiste de él con dolo.

Estamos en Los Ángeles. En un cuarto de grandes ventanales.

7 abogados están sentados en un medio círculo: 5 son los abogados de Gloria y 2 los de mis productores, Barrie Osborne y Christian Keller, que también están presentes.

Barrie se inclina hacia un abogado que dobletea de traductor.

—*Translate, please.*

—*Translate* —pide también Ray Thomas, el abogado principal de Gloria, a su abogado-traductor, aunque él habla bastante español. Y es que no está seguro de que hablamos de lo que hablamos: de un puto tapete de estambre verde.

El abogado-traductor del equipo de Gloria explica en inglés:

—Es que Sabina Berman escribió sobre un tapete verde en el artículo que publicó sobre Gloria en la revista *Gatopardo*, y Armando afirma que lo escribió con dolo.

—¿Con dolo? —alzo yo la voz con furia—. Armando, veme a los ojos, ¿escribí sobre el puto tapete verde con dolo?

Nuestro abogado me aconseja:

—*Calm down, Sabina. Please breathe and calm down.*

Pero yo exploto:

—¿Qué diablos quiere decir con dolo, Armando?

—Que lo escribiste para mostrar que mi familia es de clase media —: Armando responde con el rostro enrojecido y húmedo de sudor.

Un hombre cuadrado. No muy alto. No muy bajo. De hombros anchos.

(Tengo que ser muy precisa cuando hablo de Armando: él y Gloria podrían volver a demandarme por describirlo con dolo.)

—Disculpa la curiosidad —replico—. ¿Y de qué clase te imaginas tú que es tu mamá, la dueña del tapete verde?

—Es un tapete verde marca Armani.

—¿Armani tiene tapetes de estambre verde? —me escandalizo.

—¿Por qué no? —: Armando.

—No hay ninguna razón ontológica —acepto yo—. Pero nunca le he visto a Armani más que tapetes grises y negros y blancos. Ahora bien, Armani es irrelevante.

—*Armani is irrelevant?* —pregunta un abogado, asombrado.

—Yo escribí sobre el tapete verde de estambre sin agregar ningún adjetivo. Ni uno. Ni bonito ni feo ni nada. Pruébame el dolo, Armando.

Los abogados están cobrando 500 dólares la hora cada uno. Casi puede uno escuchar un tic tac tic tac de cómo el tiempo se vuelve dólares en esa habitación.

Armando aprieta las quijadas y luego dice con voz suave:

—Escucha, Sabina. Yo no sé mucho de las palabras. Realmente no he leído casi nada, pero/

Lo corto:

—Tú no has leído casi nada, punto final.

Armando resopla, las fosas de la nariz dilatadas, como un boxeador que espera en la esquina la campana para volver al centro del ring a golpear.

Me vuelvo a ver a Gloria:

—Gloria —empiezo.

Pero Gloria se pone unos grandes lentes negros.

(Yo lo escribo sin dolo en el año de 2014.

Y retrocedo 11 años atrás, al año 2003, al momento en que esta historia empieza, y ni Armando ni Gloria ni los abogados ni yo existimos todavía en ella.

Una historia que inicia con 3 palabras en latín tatuadas en tinta verde en un brazo de piel muy blanca y con vellos muy rubios, de cierto albinos.)

2

Veni vidi vici.

El muchacho que tiene las palabras tatuadas en el antebrazo se deja caer en una banca y se despaturra.

La banca está a orillas de una avenida de 8 carriles en la ciudad que fabrica las ficciones que alcanzan hasta los últimos rincones de los territorios de los bípedos contadores de historias.

Hollywood.

Vine, vi y vencí.

Julio César pronunció tales palabras ante el senado romano para describir la presteza de su reciente victoria sobre el rey del Ponto.

15

Una presteza con que el muchacho rubio, casi albino, 21 siglos más tarde, hubiera querido triunfar en esta ciudad donde la gloria puede estar a la vuelta de cualquier esquina.

O al menos eso promete su mito.

Escribió un libreto —no sobre Julio César, pero sí sobre Alejandro Magno—, y viajó de su natal Suiza a Hollywood para filmarlo.

Lo único que debía lograr era interesar en la idea a un productor. Pero la suerte no lo acompañó. Antes de conocer a algún productor de calibre, esta mañana se ha enterado de que la historia de Alejandro Magno será filmada por el director Oliver Stone, llevando en el papel protagónico a Colin Farrell.

A Christian no le gustó el *casting* y menos le gustó que Oliver Stone le hubiera ganado el tema. Dio un zapatazo en la puerta de su habitación en el dormitorio de estudiantes, se puso a la espalda su mochila, y largo y flaco como era, como es, en sus vaqueros 3 tallas demasiado guangos, se lanzó a caminar por la calle, a desgastar a trancos largos y rápidos su desesperación.

Estaba al borde de conquistar la fama y mira qué mala suerte la suya.

Se quitó de la espalda la mochila, la tiró en la banca y se dejó caer, despaturrado.

Ahora extrae de la mochila el grueso rollo del periódico *The New York Times*. Se pone a leerlo, al borde de las lágrimas.

Ah tener 20 años y hambre de gloria: minutos después, un titular en la sección de Arte y entretenimiento le captura la atención.

Mexico: Pop Star Freed From Prison and Plans Comeback.

bit.ly/Gloria_NYT **(a lo largo del texto encontrarás enlaces como éste, escríbelos en la barra de dirección del navegador de tu preferencia –respetando mayúsculas y minúsculas– y te redireccionarán a las fuentes mencionadas o a información adicional)**

3

El artículo narra la historia de una cantante de pop en un país misterioso llamado México.

(¿México? ¿Qué idioma hablan en México? ¿Español? Se lo pregunta Christian en la banca.)

Gloria Trevi (Trevi como las fuentes de Roma, se alerta Christian) cayó de la cima de la fama a la cárcel y luego de 4 años ha sido recién liberada y planea su regreso a los escenarios.

(Mira qué tamaño de arco narrativo, se dice Christian.)

Era la reina de la música pop en español cuando fue capturada en Brasil por la policía internacional, la Interpol, acusada de corrupción de menores cometida en acuerdo con su manager y amante Sergio Andrade, que por cierto también fue padre de su hija Ana Dalai.

(¡Guau!, piensa Christian.)

El artículo concluye con la noticia detallada de cómo su liberación fue transmitida en vivo por la televisión mexicana, y da cuenta de la intención de Gloria de reconquistar la gloria.

Christian toma aire profundo.

Su fracaso con Alejandro Magno le parece pequeño y remoto ahora que calcula la sima a la que Gloria cayó y la cima a la que ahora aspira.

Y todo el desconsuelo se le reorganiza en el pecho: esa es la historia que a él también lo conducirá al aire enrarecido del pico del éxito.

4

El joven gigante albino pregunta acá y allá, en una fiesta y en otra, a un muchacho huérfano de Fama y a otro en su 1.er peldaño, quién demonios conoce a Gloria o conoce a alguien que conozca a Gloria.

Y una y otra vez la respuesta es:

—*Gloria who?*

—*Who the hell is Gloria Trevi?*

Así pasa 1 año completo.

Hasta que alguien con aire de misericordia le regala una tarjeta en cuyo envés ha escrito la dirección electrónica de Sara Soto, agente de la cantante mexicana.

Bendita insolencia de los 20 años de Christian: le escribe a la agente pidiéndole los derechos de la vida de Gloria.

Sara Soto responde: Okey. Son 250 mil dólares.

¿Puedo pagar los derechos de su vida a plazos?, escribe él alarmado por la cifra imposible.

Puedes pagar a plazos la vida de Gloria, contesta ella.

Christian paga el 2.5% de los derechos de la vida de Gloria.

5

Toc toc.

La mochila a la espalda, los vaqueros guangos cayéndosele debajo de la cintura, la cabeza de pelo albino en la punta de su metro noventa de altura, Christian golpea con los nudillos en la puerta de la casa de un barrio de clase media de Miami, Florida.

Y al entornarse la puerta está frente a una versión rubia, casi albina, y 20 años mayor, de Gloria.

La madre de Gloria.

Que lo invita a pasar a la sombra del vestíbulo mientras por una escalera baja Gloria Trevi en persona, en vaqueros deslavados y una camiseta amarilla desfajada, 3 tallas demasiado grande, el pelo abundantísimo cayendo sobre los hombros.

Christian no habla español. Gloria habla un inglés inseguro, en el que pueden comunicarse.

—*Come with me* —es lo que le dice ella—. Ven conmigo a la cocina.

Gloria le prepara un café.

6

En ese amistoso trato pasan 7 días.

Christian duerme en la misma casa y acompaña a la diva a todas partes. A una cita con un productor. A una cita en la radio. A llevar a su hijo mayor a la guardería. Al supermercado, al que Gloria va con grandes lentes negros.

Él camina siempre a la vera de Gloria, observándole el perfil, respirando el aire que la rodea.

Levanta las bolsas de una compra de alimentos, le abre una puerta para dejarla pasar primero.

Observa cómo ella hace una cita por teléfono, cómo hace otra cita. Cómo es extraordinariamente amable con quienes habla, cómo busca el resquicio por el cual regresar al centro de los reflectores y hacer lo que sabe hacer, cantar.

Se acoda en la mesa de la cocina y las escucha, a Gloria y a Sara Soto y a la hermana del novio de Gloria, Armando, planeando cómo reconquistarla, la gloria.

Pregunta en inglés:

—¿Por qué Armando no está en Miami?

Le responde la hermana algo nebuloso:

—Tiene problemas con la Justicia y no puede cruzar la frontera.

El gigante albino sonríe y nunca pregunta demasiado. No quiere importunar.

Promete:

—*Gloria, this movie will bring you back to the center of the world.*

La diva sonríe.

Ahí han convergido sus destinos, en la casilla 1 de la carrera al éxito. Ella llegó a la Gloria y de ahí cayó; él empieza apenas a caminar hacia adelante.

El día 7 de su estancia en casa de Gloria, el gigante y la diva se fotografían sonrientes. Primero ellos 2 abrazados.

Luego ellos 2 con Sara Soto y la cuñada de Gloria.

II

7

En el año 3 de esta historia, en la ciudad de Wellington en Nueva Zelandia, un productor de cine llamado Barrie Osborne sale de su casa, camina 30 pasos sobre las hojas secas que cubren la banqueta y alguien lo llama por una ventana.

Es el dueño de un hotelito. Un *bed and breakfast*.

Barrie tiene el cabello, el bigote y la barba blancos, viste un suéter de cuello de tortuga y una gran chamarra de cuero café.

En Wellington no es solamente conocido, es especialmente apreciado porque decidió filmar ahí la trilogía *El Señor de los Anillos* y durante los 7 años en que la filmación ocurrió, Wellington se transformó en el Hollywood de Nueva Zelandia.

El dueño del hotelito le abre la puerta y lo deja pasar anunciándole que alguien vino de América para buscarlo.

En el vestíbulo Barrie le da la mano al muchachote alto de cabello casi albino.

—Sí, sí —se acuerda—. Te dije que vinieras a verme, sí, ¿pero cómo supiste mi dirección exacta?

—No la supe —dice Christian—. Esto es una coincidencia.

Al recibir la réplica de Barrie diciendo que sí platicaría con él sobre la película, Christian buscó por internet un hotel y eligió este por el bajo precio. Este que resulta estar a 2 casas de la casa de Barrie.

Sigue la buenaventura: Barrie está solo, su esposa está de viaje, y lo invita a casa, a cocinar la cena.

2 grandes filetes asados y brócoli.

Christian no toca su filete, es vegetariano, y se alimenta de los verdes y tristes brócolis.

Hablan de las películas de Barrie. Su 1.ª película, *The Big Chill*, que lanzó al estrellato a varios actores icónicos.

La difícil producción de *Contracara*, donde hizo su fama como productor principal.

La producción en la que ahora trabaja. Una película de vaqueros con un director oriental, aún anónima.

La producción de gran calado que empezará a realizar en un par de años. La nueva versión de *The Great Gatsby*, con Di-Caprio.

He ahí al joven soñador realmente sentado en la cocina de un productor ganador de un Oscar. (En la fotografía Barrie es el 1.º de izquierda a derecha, el Oscar por *El señor de los anillos* en la mano.) Digamos que Christian está ya en la casilla 4 de la carrera a la Gloria.

8

A medianoche llueve.

Rodeados del tintineo de la lluvia en las ventanas, abordan la película que todavía sólo existe entre las sienes de Christian.

Barrie le asegura que ha leído el guión que le ha enviado. Desde su carátula con el extraño título —*TREVI*— hasta la última de sus 170 hojas repletas de drama.

—No sirve —le dice.

Christian deja de respirar.

Pero para Barrie al parecer ningún problema es irremontable.

—Resumiendo —le dice—: únicamente necesitas 2 cosas. 7 millones de dólares y un guionista.

Se detiene en describir con mayor precisión lo último:

—Debe ser un escritor profesional. De preferencia latino. De preferencia mexicano. Y de preferencia mujer, porque tu protagonista es mujer.

Así es como yo empiezo a dibujarme en esta historia.

9

Unos meses más tarde, me llaman al radio de un barco con la oferta de escribir un guión sobre Gloria Trevi.

La radio en la oreja, yo miro la tribu de fragatas en formación de V realizando la proeza de cruzar 100 kilómetros a puro aletazo limpio, clap, clap, clap, y respondo en el aparato:

—Diles que no gracias. Oye, y cuídate mucho.

Y corto la comunicación.

10

Esa noche en la cocina de acero inoxidable del barco, el mar en las claraboyas, el mar golpeando rítmicamente el casco, el mar llenando con su aroma salado el aire, aprendo más sobre pulpos.

Sobre la maravillosa forma de reproducción de los pulpos.

Una bióloga autista gotea una mezcla rosa en pequeñas conchas de almeja dispuestas en filas que cubren la mesa, alimento para pulpos, con una dedicación de un relojero loco: son 3 mil conchitas y 3 mil puntos de mezcla rosa que va colocando en ellas.

Yo coopero por momentos. 30 o 45 minutos en que me voy poniendo bizca de colocar 1 gota de comida en cada concha del tamaño de una moneda de 1 peso.

Pero luego debo salir al aire fresco y frío de la cubierta.

A la mañana siguiente, desde la proa, iremos bajando redes repletas de conchas al fondo del mar.

Y algunos días después bajaremos nosotras mismas, vestidas de buzos, al lecho marino para constatar cuántas conchitas han sido colonizadas por pulpos.

11

Regresar del mar a la ciudad es para mí un lento encogimiento de los sentidos.

Acostumbrada a la vastedad, la mirada se me estrella contra los edificios. Poco a poco va estrechándose y abatiéndose al nivel de los automóviles. Derrotada se centra en las ventanillas de los automóviles y en las caras de los simios hablantines.

El mismo desastre le ocurre al oído. En la ciudad va achicándose el radio de lo que abarca. En el Periférico ya sólo escucha el doloroso estruendo de los motores y el bla bla bla imparable de la radio.

Un ruido genérico: el lenguaje escuchado desde afuera: bla bla bla.

Y al llegar al estudio de grabación de TV ya soy sin remedio una simia normal, que se ha deslizado dentro del lenguaje y escucha con un suave desapego las historias de ambición y mezquindad de los simios hablabladores.

Esa es la materia de mi profesión, las historias. Los relatos. Las relaciones de eventos.

La tarde a la que me refiero entrevisto para mi programa de TV a un primate de pelo blanco y corbata azul, que quiere ser ni más ni menos que Presidente de México, para mandar sobre todos los simios mexicanos.

Lo saludo de mano.

—Bienvenido, gobernador —le digo.

—Gracias por la invitación —responde él.

—Haremos una buena entrevista —le prometo.

—A eso vengo —dice, la sonrisa blanca abierta.

Un guapo primate erecto.

Le ofrezco un café o un té o un *whisky*, mientras estamos listos, y lo dejó con su equipo de señores encorbatados y serios en la sala de sofás de cuero negro.

Luego me encierro con Rocío en un apartado.

12

Rocío Bolaños es la directora del programa y también su investigadora de hechos. Esto que haremos a continuación no es ficción. Tampoco es periodismo duro. Esto que haremos es una entrevista. Un intento de entrever a través de un diálogo la historia del entrevistado.

Típicamente el entrevistado querrá contar la historia que más le conviene contar. Nosotras tenemos apuntados en medias hojas blancas un manojo de hechos confirmados que no le permitiremos esquivar. Unos 30 hechos que lo definen y hemos cruzado minuciosamente con la realidad.

Periodismo blando, la entrevista no pretende más, pero tampoco menos: lograr una historia coherente, que cruza la realidad a menudo y que si contiene invenciones, son mínimas.

En el set, el técnico me coloca en la solapa del saco azul marino el clip del micrófono mientras observo cómo otro técnico hace lo propio en la solapa del saco negro del ahora gobernador del estado de Jalisco.

Estamos sentados en sillones de cuero rojo, enfrentados.

En mi oído suena la voz de Rocío Bolaños a través del chícharo electrónico.

—5, 4, 3, 2...

13

—¿Cómo está, gobernador? Bienvenido.

Inicio repitiendo la fórmula de cordialidad.

—Gracias por la invitación a charlar, Sabina —repite el mono su fórmula de cordialidad, y despliega su lúcida sonrisa de dientes blancos.

—Así que usted aspira a mandarnos a todos los mexicanos —digo yo.

—Quiero servirlos, Sabina, a todas y todos las mexicanas y los mexicanos.

—Permítame servirle yo antes que nada a usted un tequila de su patria chica, del mero Jalisco.

Me inclino a servirle de una botella en un vasito.

—No gracias, no gracias —protesta él—. Sólo tomaré agua.

Señala el vaso de agua que tiene ante sí en la mesita baja.

—¿No le apodan a usted en Jalisco «don Etilio»? —: yo.

1.ᵉʳ raspón de la entrevista.

Don Emilio, gobernador de Jalisco, adquirió notoriedad nacional por llegar ebrio a la ceremonia donde entregó un cheque a la curia de su estado. Cuando el obispo de Jalisco le agradeció a nombre de Dios, el gobernador se soltó ante un micrófono con un discurso disparatado en el que aseguró que Dios mismo le daba licencias de hacer su santísima y repajodida voluntad.

Don Emilio me mira con ojos de «si gano la Presidencia tú te vas al carajo».

—De verdad no gracias —insiste—, sólo bebo agua.

Nos reacomodamos en los sofás de cuero rojo.

—Don Emilio —le sonrío yo—, hábleme de su relación con los homosexuales.

«No al carajo, al puto Culo del Mundo», dice la mirada del posible próximo Presidente del país.

—Quiero decirte, Sabina, que yo nunca he sido homofóbico —: sonríe.

Y lo demuestra:

—Quiero decirte, Sabina, que tengo el honor de contar en mi gabinete con un estupendo amigo que resulta que es homosexual.

—¿Quién?

—No puedo sacarlo yo del clóset sin su consentimiento, si no me encantaría darte su nombre. Presumírtelo.

—¿Presumírmelo? —me admiro.

—Cómo no. Desmentiría las malas cosas que dicen sobre mí, por eso me encantaría exhibirlo. Pero Sabina —me son-

31

ríe—, si no te molesta, yo quisiera hablar mejor sobre los Juegos Panamericanos que sucederán en breve en Jalisco.

Me mira con fijeza y observo su sonrisa entrenada por expertos para no cerrarse ante ninguna circunstancia.

Ojeo mi 1.ª media hoja blanca repleta de letras.

Le respondo:

—Gobernador, el 12 de noviembre de 2010, usted inauguró unos cursos para curar homosexuales, financiados por el erario. ¿Le molesta si antes que nada hablamos de esos cursos?

Su sonrisa no se arruga: el entrenamiento de esa sonrisa le ha costado un par de cientos de miles de dólares, calculo. Le ha costado al erario, no a él.

—Déjame explicarte lo que sucedió con esos cursos —dice don Emilio, la blanca y onerosa sonrisa inmune.

14

—Lo hojeé —digo en inglés, y pongo sobre la mesa el guión de 170 hojas engargoladas.

El gigante rubio, casi albino, este suizo loco que ha venido a México para hacer una película en español, un idioma que él no habla, me replica, también en inglés:

—¿Y qué pensaste?

—Suceden muchas cosas tremendas, pero lo que no sucede es una historia.

Se sonroja.

—Ya lo sé —dice—. No hay una línea de causas y efectos.

—Además —digo yo—, tu libreto está basado en noticias de periódico y de televisión. Esta es una historia cuya verdad se volvió sospechosa desde un principio.

Suspicious from the very start.

Tomamos un café a una mesita en una esquina enfrentada al Parque México.

—Para escribir un guión sobre la Trevi tendría que hacerse antes una investigación periodística.

—Hazla —sonríe él con su sonrisa no entrenada, una sonrisa angustiada—. Estoy dispuesto a pagarte lo que pidas.

—Te digo qué —le respondo—. A mí me gustaban las canciones de Gloria y lo que representó, una mujer libre. Y como todos en Latinoamérica seguí la trama de su caída en la cárcel y el escándalo de las niñas que la acusaron de corromperlas y bla bla bla. Pero yo no sé mucho del mundo de la farándula, y tampoco me interesa saber mucho más.

—Ella está dispuesta a contarte su historia —dice el gigante suizo.

—Christian —le pregunto yo—, ¿cuántas películas has hecho?

—Ninguna —traga saliva.

—¿Has hecho comerciales de televisión?

Niega con la cabeza, para ahora roja de pena.

—Creo que tú necesitas a alguien de tu edad. Alguien que tenga tiempo para una aventura larga, que tal vez nunca cuaje.

Christian me halaga con una angustia dolorosa de observar. Me dice por qué yo entre todos los primates del universo soy la imprescindible para el proyecto y yo coloco mi oído en modo de «fuera de las palabras», y lo escucho así:

—Bla bla bla bla bla.

De pronto me está mostrando una carpeta con fotografías. Son los realizadores que ya ha involucrado en el proyecto.

Una vestuarista con un Oscar. Una directora de arte con un Oscar, que además es mi amiga, Brigitte Brosch. Un camarógrafo con un Oscar. Un productor con un Oscar. Un musicalizador con 2 Oscares.

Vaya, una tribu de Oscares.

Gente que Christian ha ido localizando por el planeta y ha ido visitando en distintas ciudades y con la que ha mantenido una correspondencia amable por meses y que por fin le han ido diciendo que sí, que harán su película sobre Gloria.

Claro, cuando existan un guión realizable y unos 7 millones de dólares para filmar.

—Te doy una lista de escritores jóvenes —le digo.

Y se la voy desgranando mientras él apunta en una libreta.

III

15

1 año después, en el año 4 del proyecto, hago escala en Los Ángeles, incapaz de resistir la invitación de Christian para conocer a Barrie Osborne.

En un Mercedes Benz, Barrie maneja el volante y me habla de cómo imagina que debe ser el guión.

—Debe ser no una *biopic* —me dice en inglés. Es decir, no una épica biográfica—. Las *biopics* no funcionan dramáticamente. Debe ser... —Lo piensa y dice—: Otra cosa.

Christian, sentado en el asiento de atrás del Mercedes, mete la cabeza rubia entre nosotros, para decirme en un español primitivo:

—Dile él que estar impresionada por la consejo.

La insolencia de los 22 años: ni siquiera le he dado el sí a Christian y ya me da instrucciones de cómo engañar a Barrie.

—Eres un sinvergüenza —le contesto.

—Un *what*?

No me entiende pero responde, angustiado:

—Gracias mucho, por favor dile.

—Barrie —le digo en inglés a Barrie—, qué enorme consejo me has dado, muchas gracias.

Mientras caminamos por el malecón junto al mar seguimos hablando de la película que no pienso hacer.

Al final del día comemos camarones en una terraza tendida sobre la playa con vista al vasto mar donde mis ojos se relajan y son felices.

—Pongo 2 condiciones —le digo por fin a Barrie—. 1. Gloria debe estar de acuerdo en contarme su vida. Y 2. Gloria no podrá vetar o corregir lo que yo escriba.

Barrie responde:

—Lo 1.º, así debe ser. Lo 2.º, veremos si Gloria acepta.

—Las 2 condiciones son para mí innegociables —digo.

—¿Qué ganaría ella si te garantiza que no puede vetarte? —pregunta Christian.

—Credibilidad —responde Barrie. Y se vuelve a mirarme—: ¿Algo más?

Christian se muerde la uña del dedo índice.

—Nada más —respondo.

16

Viajamos en mi automóvil Passat blanco a las afueras de la Ciudad de México. Por donde la ciudad se resuelve en llanos de polvo.

Estaciono el auto a un lado de una cancha de futbol de polvo, iluminada por farolas. Nos apeamos y caminamos hasta el Salón 21.

En la marquesina oscura se distingue escrito con focos apagados:

GLORIA TREVI

Parece ser que el concierto no ocurrirá.

30 muchachos bajo la marquesina y en la oscuridad parecen idiotizados. Apenas se mueven. La decepción es grande. Nos vamos colando entre ellos al lugar de donde viene el tufo a mariguana.

Me llega a tiempo el cigarrito y aspiro profundo, mientras Christian pregunta en su español de indio cheroqui:

—¿Qué pasar? ¿Hoy no concierto?

—Se suspendió la tocada —le informa un chavo con un copete ondulado color rosa.

—¿Por qué?

Le responde otro chavo con un arete en la nariz:

—Ps llegamos poquitos y el inche empresario no abrió.

—¿*Inche*? —me pregunta Christian—. *What is inche?*

—*Beautiful* —le digo—. *He likes you. He wants to have sex with you.*

—*Really?*

—*In that corner* —le digo—: sexo contigo en ese rincón.

Christian, el altísimo güero, sonríe nerviosamente, y con un ademán rechaza la mota que le ofrece el del arete en la nariz.

No fuma, no bebe, no come carne Christian. Se alimenta sólo de hierbas y del sueño de hacer una película sobre Gloria Trevi, una estrella apagada.

(Cuidado, esta metáfora puede ser sujeta a una demanda. De ser así me defenderé diciendo: es de Pablo Neruda. Aunque no lo sea.)

17

En el automóvil el gentil gigante me confiesa cómo consiguió el dinero para pagarme por adelantado la mitad del costo del guión, como se lo pedí, y pagarle a Gloria y a Sergio Andrade los derechos de sus vidas.

En Wellington y Nueva York habló con no menos de 40 posibles productores, que sin falta preguntaban 2 cosas:

—*Who the fuck is Gloria Trevi?*

Y también:

—*Who the fuck are you?*

Guillermo del Toro, el cineasta mexicano, que sí sabía quién era Gloria Trevi, se lo condensó en una pregunta, que le espetó en la sala de Barrie:

—*Are you nuts, motherfucker?*

Pero una linda heredera de una de las grandes fortunas del planeta le dijo en cambio, desde la alegría de sus 24 años:

—*Oh, Trevi! I love the fountains of Trevi.*

Y desde la abundancia de su herencia le dio unos cuantos cientos de miles de dólares para avanzar en su plan de contar la historia de la Trevi.

18

La misma noche del concierto pospuesto, conozco a Gloria en el hotel más chafa de avenida Reforma en la Ciudad de México.

Un hotel que ha sido decorado en verdes, rojos y dorados, probablemente por un arquitecto miope y su socio ciego, para lograr el maridaje entre el mal gusto y las ganas de ahorrar.

En una suite, Sara Soto, representante de Gloria, me explica cómo debe empezar la película.

Yo muevo mi oído al modo «fuera del lenguaje», y escucho mejor su voz como una canción que me sopla al oído.

—Bla ble bli blo blu.

Luego llega Gloria.

Vaqueros negros, suéter de cuello de tortuga negro, el pelo rojizo reunido en la nuca, tacones altos, negros.

Gina Lollobrigida a los 40 años. Realmente hermosa.

No habla. No sonríe.

Se sienta frente a mí. Gira el rostro para mostrarme su perfil.

No hablamos unos 5 minutos mientras Christian y Sara sí hablan entre sí.

De pronto le digo a Gloria que su historia es para mí una nube de confusiones.

Sigue dándome el perfil.

Le digo que he leído el libro que escribió y también leído el que escribió su examiga Aline y he preguntado a otros periodistas y todos estamos de acuerdo en que hay 100 versiones que circulan sobre qué le sucedió y cómo.

Sigue dándome el perfil.

Le digo que sólo escribiré el guión si ella me cuenta desde cero la verdad.

Entonces Gloria asiente, todavía de perfil.

Y yo le pregunto por qué quiere contar otra vez su historia. La historia de su descenso a la Infamia.

—Francamente, yo no la contaría —le confieso.

Y Christian abre la boca como si se asfixiara y me dice con el índice que no, que no siga.

Gloria se gira para colocar su mirada en mis ojos.

—Quiero ser reivindicada —dice.

Dice también:

—Quiero que esas confusiones se aclaren. Quiero que la gente sepa con claridad qué sucedió y que vuelva a tener fe en mí.

—Te voy a preguntar lo más incómodo —le replico yo—. Lo que más te duele. Me voy a meter en esos lugares que tú no quieres recordar.

—Creo que eres una persona sensible —me dice despacio—. Por eso hasta hoy no había dado los derechos de mi vida. Por eso ahora los doy.

19

La Gloria = la Fama = ser amado por millones de mortales anónimos.

Salir al templete y ser admirado por la Multitud de Ningunos que llena un campo de futbol, saltar en el templete y que tu imagen salte en 4 pantallas gigantes y 3 millones de pantallas de TV.

No la ubicuidad de un dios, pero sí la multiplicación de la propia imagen.

No la inmortalidad de un dios, pero sí una vida atestiguada por 50 millones de fans anónimos.

—Me acusan de pederastia —decía Michael Jackson—, pero millones aún me aman. ¿Aún me aman?

A decir de su médico personal, Michael se lo preguntaba tendido en una cama al borde de la inconsciencia mientras él le inyectaba Propofol en una vena yugular.

—Sí, te aman, Michael —le susurraba el médico.

Y Michael murmuraba el total de discos y CDs que hasta esa semana había vendido.

—400 millones. 401 millones. 402 millones.

Más que Madonna. Menos que los Beatles. Más que Mozart.

Tampoco el poder supremo de un dios, pero sí el poder de llevar al delirio con una mirada o un beso soplado de la palma o un guiño.

—¡Me vio Justin Bieber, me vio, cantó «te amo» mirándome!

Lo grita histérica una jovencita que llora por la descarga de emoción.

—¡Me bendijo! ¡El Papa desde su papamóvil me vio entre los miles que esperábamos en la acera y alargó su mano hacia mí y me bendijo!

Cae de rodillas la devota al narrarlo.

No la certeza absoluta de ser origen de la vida, o del viento, ni siquiera de la lluvia, como un dios, pero sí la certeza de ser millonariamente amado.

—Era ateo, hasta que descubrí que yo era el dios de millones.

Lo puede decir el Ídolo, humildemente emocionado.

—¡Los amo! —grita el Ídolo en el templete y desde las 4 pantallas gigantes y desde 3 millones de pantallas de TV.

—¡Te amamos! —gritan los miles, los millones de Ningunos.

Y el estadio revienta en una agitación orgiástica de saltos y brazos levantados.

20

Me lo resume en números Claudia Zambrano, investigadora:

—Gloria Trevi alcanzó *ratings* en la televisión de 30 puntos. Ganó 10 discos de platino. Llenó estadios de 100 mil personas. Sus 3 películas fueron, cada una en su año de emisión, las más vistas en Latinoamérica.

Luego, Gloria se retiró, desapareció de los escenarios, teniendo apenas 29 años.

Luego reapareció en las fotografías de los periódicos siendo conducida a una cárcel.

4 años estuvo tras rejas.

Y por fin reemergió. Fotos y videos lo consignan:

Para salir de la cárcel, Gloria vistió un vestido blanco y escotado, descubierto de la espalda, idéntico al que usó Marilyn Monroe en su película más célebre, *La comezón del séptimo año*, se soltó el cabello, se subió a unos tacones de 5 centímetros.

Emergió de la sombra del umbral carcelario y mil *flashes* reventaron en sus ojos mientras las cámaras de televisión la enfocaban y probablemente ella se ajustaba a la certeza: volvía a ser vista por los Millones.

Probablemente creyó que pronto dejaría de hablar ante los micrófonos que la rodearon y haría lo que mejor sabía hacer, cantar desde su corazón hasta el corazón de otros, para volver a hechizarlos.

Se equivocó.

Su imagen en las pantallas sin duda provocó alegrías en sus fans más devotos, pero en el gran público provocó algo distinto.

—Confusión —recuerda Claudia Zambrano.

—Y por momentos rabia —: Jorge Olguín, productor de televisión.

De nuevo Claudia:

—Como tantos más, yo había seguido el drama de Gloria desde la sala de mi casa. Había mirado atónita sus giros ex-

traordinarios, sus revelaciones balzaquianas, semana tras semana, por la televisión. Pero su salida de la cárcel me provocó, una suerte de, ¿cómo llamarla?, de insatisfacción moral.

De nuevo Jorge:

—Exacto: una insatisfacción moral. No sabía a ciencia cierta por qué había caído a la cárcel ni por qué ahora resurgía; no entendía el aire triunfalista de ella ni la importancia que la televisión le concedía a su excarcelamiento; y sobre todo no sucedió lo que yo esperaba, un esclarecimiento de su responsabilidad.

Jorge otra vez:

—Para mí, Gloria saliendo de la cárcel en horario triple A, era la viva muestra que la Justicia no rige. El emblema de una sociedad donde el Bien y el Mal se confunden y la verdad nunca reina.

En su 1.ª entrevista, con el periodista más visto de Latinoamérica, Joaquín López Dóriga, Gloria en su vestido blanco de Marilyn, bromeó, lo llamó familiarmente:

—*Teacher*.

Pero Dóriga, sabedor del sentir popular, se cuidó de no aflojar el gesto duro.

Y lo peor: muchos la miraron sonreír y bromear para no querer verla otra vez.

4 años luego de la transmisión de su salida de la cárcel en horario triple A, Gloria no podía medio llenar el pequeño Salón 21.

Jorge:

—Y aunque volvió a Televisa y volvieron sus fans a las rejas de la televisora, no eran los mismos fans. Ni numerosos ni normales, no sé si me explico. Eran jovencitos raros, marginales…

—Quiero ser reivindicada —me dijo Gloria, los ojos en mis ojos—. Quiero que esas confusiones [sobre mí] se aclaren. Quiero que la gente sepa con claridad qué sucedió y que vuelva a tener fe en mí.

IV

21

—Esta es lo esposo *of* Gloria —me dice Christian mostrándome la foto de un periódico en su celular.

Según el pie de la foto es Armando Gómez, y ha sido acusado de estafa: venta de boletos de avión comprados con tarjetas de crédito clonadas.

Una noticia de la que, al buscarla hoy en internet, curiosamente no encuentro rastro, aunque sí notas muy posteriores que mencionan aquellos hechos.

bit.ly/Gloria_Esposo_BandaCriminal
bit.ly/Gloria_Esposo_Corte
bit.ly/Gloria_Esposo_CercaDePrisión

Le pregunto al güero:
—¿Entiendes lo que dice el pie de foto?

Esto ocurre la mañana en que abordamos un avión para viajar a Tampico, Tamaulipas, donde hay una balacera cada semana en las calles y el mayor índice de secuestros del país.

Christian se ríe.
—Oh sí —dice.

Y yo pienso que si alguna vez llegamos a filmar esta película, será gracias a la inocencia de este suizo deschavetado. Una inocencia que vuela sobre los pantanos sin mancharse.

En el avión el güero me cuenta que mira los noticiarios de México anonadado.

Robos. Asaltos. Secuestros.

Asesinatos en media calle. Muertos descabezados tirados a la orilla de las carreteras. Ahorcados colgando de puentes.

—La semana pasada en Suiza la gran noticia durante todo un día fue un gato —me cuenta, y sorbe del popote jugo de tomate.

Relata:

—Un gato que trepó hasta la rama más alta de un árbol.

Suiza entera contuvo el aliento mientras el camión de bomberos acudía al jardín, los bomberos desplegaban una larguísima escalera para que un bombero la trepara muy poco a poco y sin espantar al gato lo atrapara.

22

Una casa estilo californiano color crema y de 2 pisos.

Nos abre la puerta un hombre de mediana estatura, corpulento, de rostro severo, y se presenta.

—Armando.

Y nos hace pasar al vestíbulo donde nos presenta con su madre. Una mujer alta de pelo color caoba cortado en casquete, que nos tiende la mano y luego regresa a abrazarse con ambos brazos el torso.

Estamos en casa de ella, donde viven ahora Gloria y Armando.

Entonces Gloria desciende por la escalera en vaqueros y camiseta negros, el pelo rojizo reunido sobre la nuca.

Gina Lollobrigida, pienso yo otra vez.

23

En el patio soleado comemos mariscos todos menos Christian, que come un tristísimo arroz blanco.

—Gloria y yo nos conocimos en la cárcel de Chihuahua —narra Armando.

Y Gloria permanece en silencio.

Gloria y sus abogados luchaban por su liberación y Armando asistía con regularidad a la cárcel para visitar a un amigo, cuando un día le fue presentada la célebre Gloria Trevi.

Él, que siempre quiso ser un cantante famoso, le propuso a ella que le compusiera unas canciones que él grabaría.

No sucedió. Gloria, ensombrecida por las penas, ya no componía.

Pero amistaron y con el tiempo se tocaron las manos y luego se tocaron los labios con los labios y se enamoraron.

Armando se volvió imprescindible en los trabajos de la defensa judicial de Gloria y también su principal enlace con el mundo exterior.

Una tarde Armando no llegó a la visita pactada en la cárcel. Gloria lloró por él. Y compuso una canción. La 1.ª canción que componía luego de la Gran Tragedia.

Gloria en el patio soleado de Tampico canta *a capella* la canción.

Quiero decir que no la tararea. Sentada bajo el sol, la canta a media voz, sin arrastrar ninguna sílaba, sin apresurar ningún compás.

Es hasta ese momento cuando yo realmente me comprometo a escribir su historia para la película. Por esa voz.

Preciso: por el sentimiento real que fluye por esa voz y limpiamente toca el sentimiento propio.

Soledad,
la única que viene
cuando todos se van.

La única con la que
puedo llorar.
Que no me hace ni un reproche…

bit.ly/Gloria_ElFavorDeLaSoledad

24

Esta será la trama de la película.

Lo pienso mientras los otros monos habladores hablabla-blan en torno a la mesa y Gloria nos da su perfil silencioso.

En la película de *La Bella Durmiente* de Walt Disney hay un momento en que el Príncipe se lanza en su caballo blanco a cruzar un bosque de zarzas: de enramadas negras con grandes espinas, para llegar a la torre en cuyo último piso duerme un sueño eterno su amada durmiente.

Zoc.

Zac.

Zuc.

Con la espada desenvainada el Príncipe corta las zarzas en el camino a la torre, y nuevas zarzas crecen frente a él, que nun-ca desiste de cortarlas con la espada.

Zac.

Zoc.

Zuc.

Esa será la trama.

El Príncipe es Gloria. Las zarzas los enredos que van cru-zándose entre ella y su afán por cantar y tocar el corazón de sus congéneres. La Bella Durmiente a la que ha de despertar con un beso es la gloria de haberlo logrado.

25

Entramos a la estancia de muebles pesados y un tapete de estambre verde.

Soy bien precisa: tapete de estambre color verde pasto.

(Y mi oreja derecha se calienta con el aliento de perros bravos de los abogados.)

De hecho, y tal vez porque el tapete de estambre verde evoca un pasto verde, pido permiso para descalzarme. Y me descalzo.

Le coloco el clip del micrófono en el borde del cuello de la camiseta a Gloria.

Enciendo la grabadora.

Pongo en mi muslo las medias hojas blancas con notas que me ha preparado Rocío. Datos duros de la vida de Gloria. 10 hojas engrapadas en el borde superior izquierdo.

—Háblame de tu música —le pido.

—¿Mi música? —se sorprende.

—Es lo 1.º que quiero saber. Háblame de cuándo empiezas a componer.

—Voy a fumar —anuncia ella.

Me ofrece de su cajetilla.

Fumamos.

—Una de las cosas que aprendí en la cárcel —se burla de sí misma—: fumar.

El humo gris se ondula mientras nuestras atenciones se mueven al relato de cómo en su Monterrey natal empezó de niña a soñar con ser una rockera.

—Alguien como Elvis Presley o los Beatles. Para mí ser artista era tener un público, como ellos, que ¡aaaaaaaaaaaaaaaaah!, que se volviera loco cuando cantas.

Y empezó a componer canciones, sin saber nada de música:

—Una que se llamaba *Al diablo la escuela*. Otra que se llama *Te quiero*.

Se ríe y acota:

—Yo creo que todos los compositores tenemos una canción que se llama *Te quiero*.

—Apuesto a que sí —le digo.

—Una que se llama *Ya no soy un bebé*, que era una canción de amor para mi mamá. Otra que se llama *Más que amigos*. Otra, *Caníbales enanos*. Otra, *Cabeza cuadrada*. Para cuando tenía 16 años había compuesto unas 50, 60 canciones. ¿Te canto una?

Me encanta que me cante una.

Se pone de pie y me canta *Amor cavernícola*.

Una rola muy primitiva acompañada de un baile más primitivo aún, de saltitos y sacudidas de cabeza, verídicamente cavernícola.

Una rola que debe ir, pienso yo, en los 1.os minutos de la película. Cuando Gloria es una chava de 16 años.

26

Encendemos otro par de cigarros.

—Ahora háblame de tu encuentro con Sergio Andrade.

Gloria respira entrecortadamente.

Yo digo:

—Sergio era un productor de música famoso.

—Era un mito —puntualiza Gloria—. Lo llamaban el Rey Midas.

—¿Lo que tocaba se volvía famoso?

—Así es.

—Había vuelto estrella a Lucerito. A Crystal. A Yuri.

—A varios más. Conseguir una audición con Sergio Andrade era como conseguir una audición con Emilio Estefan en su buen momento. O con Quincy Jones en Estados Unidos.

—Llegas a la audición y ¿qué pasa?

—Espérate. Antes de la audición pasan muchas horas. Llego a la oficina a las 2 de la tarde y hay mucha gente esperando para audicionar con Sergio. Yo espero mi turno horas. De hecho primero me audicionó una licenciada. Supongo que ella le dijo «Vale la pena escucharla», y hasta entonces me audicionó él. Eran las 2 de la mañana.

—12 horas de espera.

—Por lo menos.

—Entonces te llamabas María de los Ángeles Treviño.

Según la investigación de Rocío, el nombre en el acta de nacimiento de Gloria.

—Así es.

—Y entonces entras al estudio, ¿y qué ocurre?

—Sergio es muy directo. Me pregunta si aprendería a tocar el piano en 2 meses. Yo había tenido piano en mi casa toda la vida, mi mamá me había puesto maestros de piano y yo jamás había aprendido. Pero le dije de inmediato «Sí». O sea, yo no estaba ahí para decirle que no.

—¿Qué impresión te causa?

—Me sorprendió que fuera tan joven. Es decir, cuando tienes 16 años ves a un hombre de 29 como a un señor viejo, pero me pareció muy joven para [el tamaño de] su fama. Y me impuso también porque era muy serio. Yo era muy risueña, siempre he sido juguetona, y él me saludó muy serio. Me temblaban las piernas, y hasta le vi el aura.

—Un brillo a su alrededor…

—Sí, brillaba.

—¿Te pidió que cantaras?

—Le canté *El cofrecito*. ¿Te canto *El cofrecito*?

Gloria se pone en pie, coloca la diestra en la cintura y canta una canción ranchera.

—Pajarillo, pajarillo, no me saques de tu nido, que el amor que ayer fue mío, hoy no sé de quién será.

Nos reímos.

bit.ly/Gloria_Audio

Ella sigue, ya enrielada en el relato.

—Luego le platiqué que yo era compositora y él me pidió que le cantara una canción mía. Yo no cantaba nada más así, hacía teatro cuando cantaba. Así que se la actué. Y él así, muy serio, me miraba y escuchaba. Me sentí muy ridícula.

Pregunto:

—¿Y cuando terminaste de cantar y bailar qué te dijo Sergio?

—Nada, ni qué bien ni qué mal. Me dijo «Permítame un momento», y se fue. Y no volvió.

—¿No volvió…?

—No volvió. Así que yo me fui también, y esperé a que me llamaran.

—Y te llaman para formar parte del grupo que él está preparando.

—Sí. Boquitas pintadas.

Hago una pausa.

bit.ly/Gloria_NoPuedoOlvidarlo
bit.ly/Gloria_NoPuedoOlvidarlo_EnVivo

27

Pregunto:

—¿Cuándo inicia la relación física con Sergio?

—…

Gloria no contesta.

—…

Y no contesta.

Con un ademán me pide que apague la grabadora.

Y me dice la cosa más extraña.

—No es necesario hablar de Sergio Andrade para contar mi historia.

—¿En serio lo crees, Gloria?

—Estoy segura.

—Corrígeme cuando me equivoque —le pido.

Consulto las medias hojas con datos duros mientras enumero:

—Sergio te forma como artista. Sergio produce tu 1.er disco y los que siguen. Sergio negocia y firma tus contratos con las televisoras. Sergio es el padre de la hija que perdiste, Ana Dalai, y se dice, ya tú me dirás, que Sergio es el padre de tu 2.° hijo. Y finalmente, el estilo de vida de Sergio Andrade, sus amores con menores de edad, es lo que te lleva directamente a la Gran Tragedia de la cárcel.

Gloria insiste:

—Mi historia puede contarse sin él, o con él en el fondo, no al frente. Pero lo que de verdad no quiero es inmiscuir a esas otras personas.

Esas otras personas: se refiere a las niñas amores de Sergio.

—Gloria —le respondo—. Así lo veo yo. Hay una historia de tu ascenso al éxito, una historia pública, conocida. Llamémosla la historia A o la Historia de la Fama. Y hay otra historia, oscura, de la que hay versiones muy enredadas, como tú misma dijiste, y es la que te lleva a la Gran Tragedia. Llamémosla la historia B o la Historia de la Infamia.

Tomo un respiro.

—Si no contamos también la Historia de la Infamia, la oscura, esto no sirve. No me sirve a mí, no estoy acá para ser tu escribana, tu corista, tu fan. No puedo permitírmelo, ¿me entiendes?

Gloria resopla.

—Y tampoco te sirve a ti —le digo—. Porque es la historia oscura sobre la que se pregunta la gente cuando se pregunta quién diablos eres, una víctima o una victimaria.

Gloria resopla más fuerte.

Casi la oigo decir: ¿cómo te atreves?

Dice en cambio:

—Ahora vuelvo.

Se levanta.

Veo sus botas de tacón caminar sobre el tapete verde y salir por el umbral de la estancia, y se me ocurre que tal vez no regrese.

2 minutos más tarde en el umbral aparece un niño de pelo ensortijado y castaño claro, y permanece ahí viéndome.

—¿Ángel? —adivino.

La investigación de Rocío alcanza a apuntar el nombre del 2.º hijo de Gloria, el que nació en la cárcel.

—Ángel —dice el chavito, con una vocecita de pájaro.

Y se va.

V

28

Pero vuelve Gloria.

Toma asiento en el sofá, con las piernas cruzadas, y como si no se hubiera roto nada entre nosotras, con una disposición afable me cuenta de su relación con Sergio.

Una relación donde él va convirtiéndose para ella en Todo.

Su maestro de música y quien decide su suerte: si grabará un disco o no, y cómo y cuándo.

El Señor de las Llaves.

El que tiene la llave de la alacena en la academia y el que tiene la llave de la Fama.

El que tiene las llaves de los cuartos donde encierra a una alumna o a varias como castigo, por 1 hora o por 3 días, y el que con una llamada de teléfono arregla un concierto.

El que en el extranjero, cuando están grabando el disco de Boquitas pintadas, la provee de dinero para comer, o se olvida de proveerla de dinero para comer mientras ella, abandonada en un cuarto de hotel, se desmaya de hambre ante un televisor encendido, y quien de pronto se acuerda de ella y la llama, y la lleva a cenar a un restaurante italiano.

Gloria me cuenta del 1.er encuentro físico con Sergio, precisamente luego de 3 días de ayuno y de la salvadora comida en el Tony Roma's. Ocurre en una habitación de hotel.

Anoto en mis hojas: Gloria es menor de edad, está por cumplir 18 años. Anoto también: Sergio está por entonces casado con Mary Boquitas.

—Mary Boquitas era tu amiga y compañera de banda —empiezo yo.

—Es mi amiga —se apresura Gloria—. Pero Sergio me explica que ya no la ama y que no se han divorciado sólo porque Mary no quiere regresar a casa de sus padres, porque su papá la golpea.

La relación carnal con Sergio la enemista con Mary Boquitas, que parece sospecharla. Pero es él mismo quien por fin delata a Gloria con su compañera de banda.

—Te advertí —le dice Sergio a Mary— que no existen amigas.

Herida, Gloria se va de la academia.

—¿Con quién vives entonces?

—Mi mamá estaba en Monterrey. Así que vivo en moteles [del D. F.]. Cantaba en los camiones, cantaba en la calle, a veces pedía dinero. Y sigo componiendo canciones.

Canciones que cuando quiere grabar le hacen regresar a buscar a —¿a quién más?— al Señor de las Llaves.

El Rey Midas.

—Yo no conocía a ningún otro productor, y para mí él seguía siendo el mejor. Además, yo sentía que yo era la que había fallado, no él.

—Por enamorarte.

—Por enamorarme.

Para entonces en la mente de Gloria eran ya una familia que enfrenta la vida unida, atada tanto por recuerdos y anhelos como por secretos inconfesables.

29

Sergio produce el 1.er disco de Gloria en los estudios Milagro Sound en Glendale, California.

En ese viaje Sergio propone que se cambie el nombre. Se llamará La Gloria.

Ella protesta. Se llamará a secas Gloria. O Gloria Trevi.

Con ese disco se abren verdaderamente para Gloria Trevi las puertas de la Fama.

El disco contiene la canción *Dr. Psiquiatra*, que invadirá la radio como una plaga.

Lo que llevará a Gloria al programa de espectáculos más visto de la Máquina de la Fama, la televisión. *Siempre en Domingo*. Una emisión donde se hacen o se deshacen las estrellas ante un público de millones.

Su interpretación de *Dr. Psiquiatra* es una explosión: con una faldita corta, con medias negras agujeradas por todas partes, con el pelo suelto largo y enmarañado, trota por el set de televisión, trepa las escaleras, recarga la cabeza en los muslos de un muchacho, regresa al escenario y se tira al piso y patalea el aire.

Una chava mal portada en una televisora donde las cantantes caminaban de puntitas, hablaban a media voz e insistían en ser consideradas decentes, es decir, vírgenes solteras o esposas fieles.

63

Una chava que se declara loca y lo demuestra.

—¿Tenías ensayado el desmadre que hiciste? —le pregunto. Se ríe.

—Yo hice lo que se me ocurrió, o más bien lo que pude.

Sergio Andrade lo contará un poco distinto, sin desmentirla.

Él la ha observado mientras toca los teclados en Boquitas pintadas y nota cómo se desvive por llamar la atención, sacude la melena, trota en su lugar, patea el aire.

—Un día le digo: eso, repítelo y se volverá un estilo, Gloria.

En todo caso, al final del estallido de locura, el conductor, Raúl Velasco, le pregunta azorado:

—¿Tú estás loca, Gloria?

—No —dice ella—, estoy desesperada.

—¿Desesperada por qué?

—Por cantar. Por tocar los corazones. Y por quitarte los anteojos.

Y le quita los lentes al respetable señor encorbatado que achicando los ojos para localizar la cámara encendida llama a un corte de comerciales con su eslogan usual:

—Aún hay más.

bit.ly/Gloria_DoctorPsiquiatra

Dr. Psiquiatra ocupa el 1.er lugar de popularidad de las canciones escuchadas de la radio en México durante 13 semanas, y otras 2 canciones del mismo disco, *¿Qué voy a hacer sin él?* y *Satisfecha*, llegan al 2.º y 3.er lugar respectivamente. Corre el año de 1990.

30

La historia B está marcada por un pecado original. La afición de Sergio por las niñas. Más allá de los juicios personales, un crimen según la ley de los países occidentales.

El 2.º eslabón de la historia B sucede a continuación del súbito ascenso de Gloria a la atención nacional y también es Sergio su ejecutor. Se trata esta vez no de un crimen, algunos lo llamarían la audacia empresarial de Andrade.

Sergio, hábil en acicatear el deseo de sus jóvenes novias colocándolas en competencia entre sí, hace lo propio con las 2 únicas televisoras comerciales del México de entonces. Les administra el deseo por tener a Gloria en la pantalla y las pone a competir por ella entre sí.

Llama a Paty Chapoy, la periodista estelar de TV Azteca en asuntos de la farándula.

TV Azteca es por entonces la televisora naciente que promete una nueva televisión más libre que la de la gigantesca Televisa, sujeta al Poder político y a la moral conservadora y católica.

TV Azteca no cumplirá ese anhelo social cabalmente, pero en el momento de esta narrativa todavía significa esa esperanza.

Sergio elabora con Paty Chapoy un plan que incluye telenovelas y programas unitarios, entre ellos uno para promocionar la salida de un calendario en el que Gloria y las niñas del harem aparecen con poca ropa y largos cuerpos y largas cabelleras.

—Los calendarios son un escándalo —me contará divertida quien fotografió sus láminas, Maritza López—. Andrade me enviaba instrucciones detalladas por fax. Hojas y más hojas que salían del fax como una serpentina interminable, y acá en el estudio yo las fotografiaba.

Y mientras Gloria está en las paredes de las vulcanizadoras y los dormitorios de adolescentes, segregando jugos libidinales, y aparece en la pantalla de la 2.ª televisora de México consuetudinariamente, Sergio retrasa el momento de firmar el contrato multimillonario con TV Azteca, y hace algo que ya parece peligroso en su momento y resultará de consecuencias decisivas.

Entra discretamente en pláticas con Televisa, el Goliat televisivo, escalando el dinero y los privilegios que le concederán a su protegida.

Sin anuncio previo, Gloria y Sergio firman un contrato de exclusividad con Televisa, por 8 millones de dólares.

TV Azteca y Paty Chapoy no están contentos.

A decir de Gloria, Paty Chapoy inicia entonces una campaña de desprestigio contra ella.

—El ataque era despiadado —relata Gloria—. Inventaron que yo era drogadicta, que estaba en centros de rehabilitación, que era borracha. Pero yo nunca me he drogado o he tomado una gota de alcohol. Bueno, ahorita sí ya mis copitas, después del Cereso aprendí. Pero entonces ni fumaba siquiera.

En todo caso no es entonces, sino un lustro después, que la enemistad de TV Azteca definirá la suerte de Gloria.

31

En su momento en cambio, nada puede desacelerar la ascendente Fama de Gloria: llena estadios, viaja a otros países del subcontinente de la Ñ, y sigue componiendo y grabando éxitos.

Estas son las canciones de su 2.º disco que alcanzan el *top ten* de la Fama.

Pelo suelto. Tu ángel de la guarda. Hoy me iré de casa.

Es interesante el origen de *Pelo suelto* porque ilustra el genio de Andrade como promotor.

Sergio percibe el significado que el pelo largo y revuelto de Gloria adquiere en la cultura —es la feminidad desbordada y salvaje— y comisiona a una joven compositora, María Morín, para escribirle un himno a ese pelo suelto.

En efecto, *Pelo suelto* se vuelve un himno de rebeldía para las niñas y veinteañeras con ansias de libertad de los años 90.

Sergio convoca a un concurso nacional para encontrar «a la doble de la Trevi».

Un concurso que instala la moda de vestirse «a la Trevi» entre niñas, prepúberes y adolescentes.

—Me preguntaba siempre —cuenta Sergio—: ¿qué sigue, qué sigue? ¿Qué nuevo golpe damos?

Lo que siguió fue convertir a Gloria en una líder de opinión.

Si John Lennon una década antes declaraba su postura libertaria en temas de política, sexualidad y religión, lo propio hará Gloria en el mundo en español.

Gloria se expresa sobre el aborto. Sobre el Vaticano. Sobre la homosexualidad. Consistentemente su postura es libertaria.

Y por fin la diva hace su declaración más famosa: quiere ser Presidente de México.

—¿A quién se le ocurre esa declaración? —le pregunto.

—[La idea] me nació desde que era yo chiquita, de 12 años. Mi papá llegaba a visitarnos y yo le decía «Papá, quiero ser artista», y él me decía «Ponte a estudiar, nunca serás tan famosa como Yuri. Además, las artistas se acuestan con medio mundo». Y yo me quedé pensando y dije «No, yo no me quiero acostar con medio mundo. ¿Qué seré, qué seré?» Y la siguiente vez que nos visitó mi papá le digo «Papá, papá, ya decidí que de grande voy a ser presidente». Y me dice mi papá «Para ser presidente tienes que ser una tramposa, además también te vas a tener que acostar con medio mundo». Y le dije «Pues me acuesto y ya».

—¿Pero ya teniendo 20 y tantos años lo dices en serio?

—Si Reagan [un actor] lo pudo hacer [ser Presidente de Norteamérica], yo tengo más inteligencia que él. Pensé «Me pongo a estudiar, me gustan las leyes, podría estudiar también economía...»

Gloria Trevi para la presidencia: el titular aparece en los periódicos para que el lector lo lea según le dicte su razón, en serio o en clave de ironía: un golpe publicitario que se reproduce como un virus por Latinoamérica.

bit.ly/Gloria_Candidata

El Intelectual Más Famoso de México, Carlos Monsiváis, dice de ella:

—Su valor se calcula por las animosidades que concita.

La animosidad de los guardianes de las viejas costumbres reaccionarias. Los curas. Los empresarios conservadores. Los políticos de derecha. Los directores de las asociaciones guardianas de la familia tradicional.

Monsiváis escribe largo sobre ella e incluye el sesudo ensayo en su libro *Los rituales del caos*, en cuya portada aparece Gloria al centro mismo de los protagonistas de la cultura popular del momento.

La Periodista Más Famosa de México, Elena Poniatowska, la entrevista y se declara a los 4 rumbos su fan.

—Me sé de memoria sus canciones —presume.

El suplemento cultural del periódico *La Jornada*, el periódico de izquierda, le dedica un número en que escritores y dibujantes «cultos» la entronizan.

Y la máquina registradora de dinero de Sergio no cesa de campanear con alegría.

32

—Hay un estudio que se hizo en la UNAM —me dice Gloria cuando le pregunto por el dinero que acumuló—. Según este estudio yo ingresé en las taquillas 80 millones de dólares.

—De dólares de finales del siglo 20 —acoto yo.

Una cifra que parece probable si se considera que únicamente las 3 películas que filma Gloria con Televisa ingresan 36 millones de dólares.

(—Voy a ver tus películas —le diré a Gloria al día siguiente.

—Por favor no —me ruega—. Son malísimas.

Con todo empiezo a verlas.

Y puedo confirmarlo, son malísimas.)

Le pregunto a Gloria:

—¿Y de ese dinero que ingresaste durante 8 años cuánto te tocó a ti?

—Nada.

—No es cierto —se me escapa.

Reformulo:

—¿Cómo es posible eso, Gloria?

Me da su perfil.

—¿Quién manejaba el dinero, Gloria?, ¿Sergio?

Gloria toma aire profundo.

Explica:

—Sergio se cansó de las responsabilidades de los papeleos, de tener que ir y firmar y le aventó la responsabilidad a otras personas en las que él confiaba. Katia y Karla [de la Cuesta] eran las dueñas de Conexiones Americanas.

Es decir, la compañía que acumulaba los dineros y los bienes de la tribu estaba administrada por jovencitas de 20 años.

—¿Eran dueñas de verdad o era un asunto nominal?

—No, era de a de veras. Él las orientaba pero ellas eran las dueñas.

—¿Dices que tú nunca viste el dinero?

—Ah no, sí lo vi. Enfrente de mí contaban millones, mesas repletas de billetes, como si fueran narcotraficantes. Ahí estaban todas contando billetes, horas y horas.

—¿Y tú no decías «Oigan, me pasan por favor algunos billetes para comprarme unos zapatos»?

—A mí no me interesaba comprarme ropa ni propiedades. Yo quería demostrarle a Sergio que no era por interés que estaba con él.

Me quedo boquiabierta.

Cierro la boca para preguntar:

—¿Compró muchas cosas Sergio en esta época?

—Muchas propiedades, y despilfarraba en viajes y en comidas para toda esa gente. Yo sé que [las chavas] pasaban también hambres, pero esas comidas eran mesas muy impresionantes. Comilonas en restaurantes donde estaban los meseros sirviendo carnes asadas, caldos, horas.

—Y él pagaba todo.

—Todo, y casi siempre él era el que ordenaba lo que íbamos a comer. Él ordenaba lo que se le antojaba a él para todas las que estábamos ahí. Él era el dueño del dinero.

—Pero te compra una casa en el Pedregal, ¿no es verdad?

—Sí. Fue la época en la que firmo mi 1.er contrato con Televisa.

—¿Y luego qué pasa con el dinero y con esa casa?

Se lo estoy preguntando en la casa de su suegra, donde vive con sus hijos y su pareja sentimental.

—Todo se esfuma —dice Gloria.

Me lo contará más adelante en detalle. Ahora yo sólo lo repito para cerciorarme de que eso ha dicho:

—¿Los 80 y tantos millones de dólares se esfuman…?

Gloria está de pie contra la luz ámbar de una ventana.

Dice:

—Se esfuman…

Clic.

La 1.ª cinta agota su carrete.

Cambio la cinta de la grabadora.

Yo prendo otro cigarro, Gloria no.

Se queda de pie, en silencio, pensativa.

33

Vuelvo al pecado original de la historia B.

—Háblame de las novias de Sergio —le pido a Gloria.

De nuevo los ojos de Gloria se inquietan.

—De verdad prefiero no inmiscuirlas.

—Entiendo —digo yo—. Pero sin entender cómo se fue formando el estilo de vida dentro del harem no se puede entender lo que luego ocurrió.

Elijo la palabra con cuidado: harem.

La usaré al hablar con Gloria y al hablar con Sergio, y ni a una ni al otro les parecerá extraña para referirse a su tribu.

Gloria dice muchas cosas durante unos minutos:

—Bla ble bli blo blu.

Y de pronto lo resume:

—Era el vicio de él. Su adicción. No fumaba, no bebía, no se drogaba, no decía groserías. Pero hacía eso, coleccionaba mujeres.

Es extraordinariamente cuidadosa con las palabras: coleccionaba, dice, mujeres, dice.

Pero cuando yo hablo con Sergio Andrade, él lo dice sin dificultad:

—Siempre me he enamorado de mujeres jóvenes.

—Niñas —acoto yo.

—No. Mujeres ya formadas como mujeres.

—De 12 o 14 años o 15 años: menores de edad, Sergio.

—Pero mujeres ya, con cuerpos de mujeres.

—Y mentalidad de niñas.

Sergio niega con la cabeza, pero concede cuando yo resumo:

—Bueno, pongámoslo en términos legales. Personas que la ley considera menores de edad.

Y me cuenta que llegaron a viajar con él y Gloria hasta una docena.

Katia, Karla y Carola de la Cuesta, Marlene Calderón, Karina Yapor, Gabriela Olguín, Wendy Selene Castelo, Guadalupe Carrasco, Sonia Ríos, la argentina Liliana Regueiro, las chilenas Edith y Tamara Zúñiga Poblete y María Raquenel, alias Mary Boquitas.

Aunque otras fuentes nombran a una veintena de niñas en el cortejo de Sergio.

Se divertían de lo lindo, según Sergio. No fumaban, no bebían, todo era muy sano. Habían grandes comilonas y salidas al cine. Y también sexualidad.

A decir de varias de las jóvenes del harem, era una sexualidad que sucedía en distintas geometrías. En parejas. En tríos. En grupo.

Y Sergio era el jeque del harem, el único varón.

Gloria en Tampico me habla de otro Sergio, el romántico. El que hablaba del amor en términos de despojo.

—Decía que las mujeres lo buscaban por una sola cosa. Para que las volviera famosas.

Vaya, pienso yo, ¿cómo podía ser distinto?

Esas muchachas habían llegado a la academia no para ser atletas. No para aprender física cuántica. No para ser astronautas.

Acudían a la academia de música del Rey Midas para que las hiciera cantantes y alcanzaran la Fama.

Sergio mismo firmaba convenios con sus padres para que se quedaran a vivir en la academia, con la promesa de que en breve tiempo se volverían coristas o músicas, y en otro breve tiempo, y si el talento les alcanzaba, solistas famosas.

Es fascinante la forma en que los primates habladores se cuentan historias imposibles: el Rey Midas elegía a sus novias de entre las alumnas de su escuela para la Fama, y sin embargo buscaba el amor de alguien que se interesara en él y no en las luces de la Fama.

—Buscaba a alguien que le fuera leal —resume Gloria.

—Como le fuiste tú leal hasta el final, incluso cuando las lámparas de la Fama se apagaron.

Gloria de 40 años se burla de sí misma:

—Se me pasó la mano en lo de la lealtad, ¿no es cierto?

Lo dice y una sonrisa triste le aflora.

34

Le pregunto a Maritza López:

—Llegaban 12 niñas a tu estudio y se semidesnudaban, ¿y tú no pensabas: hay algo raro acá?

—Eran las alumnas de Andrade. Querían ser famosas. No me parecía raro.

Maritza es una fotógrafa conocida en el medio comercial por sus retratos amabilísimos de celebridades. Pero en el ámbito artístico su fama deriva de su manera de fotografiar el cuerpo humano desnudo, en especial el masculino.

Sus fotografías de hombres perfectos, desnudos y con grandes alas, ángeles atléticos, son de una belleza relampagueante. Y sus fotografías de hombres mayores de los 50 años, otra vez desnudos, emanan una belleza grave como un do del final del teclado de un piano.

—Mi trato era con Sergio —sigue Maritza—. Me parecía un tipo bastante genial y ávido de transgredir los límites usuales. Le decía: hagamos una foto de todas sin ropa, a no ser por un pasamontañas como el de Marcos [el héroe de la guerrilla del Sureste de México]. «Hagámoslo», decía él. Hagamos una de

Gloria como Presidente pero desnuda. La hacíamos.

Maritza recuerda:

—Para el 3.er calendario, cuando empezamos a planearlo, por allá del mes de julio, le propuse que hiciéramos algo más estético. Que las fotografiara en la Naturaleza. Sergio contrató 2 camiones para llevar el equipo a Acapulco.

Ahí Maritza notó detalles inexplicables. Sergio y la tribu de niñas usaron durante toda 1 semana los mismos pants deportivos. Un ahorro extraño, en tanto la producción de las fotografías era de lujo.

Y luego de pensarlo un instante, Maritza apunta:

—Y sí, era misteriosa la conducta de Gloria. Siempre silenciosa. Nunca te miraba a los ojos.

—Te daba el perfil.

—Eso. O bajaba la mirada al suelo. Y estaba siempre rodeada de las otras niñas que la vigilaban.

—¿Sergio te tenía siempre vigilada, Gloria?

Se lo pregunto en Tampico a Gloria.

—Siempre, todo el tiempo. Me empezaron a vigilar hasta cuando iba al baño. Horrible. Yo no estaba sola nunca. Jamás.

—¿Ni dormida?

—Ni dormida, jamás.

—¿La razón era cuál?

—La excusa era mi salud, para que no fuera a estar vomitando, porque Sergio decía que yo era bulímica.

—¿Y eras bulímica?

—Cada vez que yo salía de cantar, me daban unos accesos de tos, y como yo tomaba refresco durante el show, al salir del show vomitaba, pero [no era bulimia] era una tos [crónica].

—Dices que esa era la excusa para tenerte vigilada, ¿crees que había otra razón?

—Ahora creo que él lo tenía previsto para que [las vigilantes] le dijeran todo lo que yo hacía. Y se lo decían a él, todo, absolutamente todo.

Un relato que replica el de cada una de las niñas del harem. Ninguna estaba sola nunca, ni cuando viajaba a visitar a sus padres. Corrijo: en especial era importante que cuando alguna visitaba a sus padres, otras niñas vigilaran qué contaba de la vida en la academia de música.

Sergio pedía reportes exhaustivos de las guardianas y castigaba cualquier deslealtad con severidad.

Azotes con un cable. Encierros en cuartos. Ayunos de días. Planas de confesiones con un prólogo obligatorio donde la culpable debía declararle un amor rendido y eterno.

—Gloria, tú no tuviste novios durante todo el tiempo que Sergio fue tu manager. Has dicho que estabas enamorada de él, pero te pregunto esto. ¿Tenías permitido tener novios?

—No, no podíamos tener novio.

—¿Cómo se explicaba eso?

—Era una condición [muy antigua] que nos había puesto a todas, porque decía que cómo iba a invertir tanto [dinero y tiempo] a un proyecto de jovencitas para que de pronto alguna se embarazara o se quisiera casar.

—Sergio dormía en la cama, tú dormías a su lado en el piso y las otras chavas dormían en otro cuarto. Tú tenías un trato especial, digamos que como de reina del harem.

—No. Yo tenía el trato de la gallina de los huevos de oro, más que de la reina del harem.

Los relatos de las otras niñas lo confirman. La Reina era la novia favorita del jeque por ese mes. Gloria tenía otro puesto.

—La tratábamos como la Rara. La Loca. La Tonta. Algo así.

Tomado del relato de una de las chicas del harem.

Me dice Maritza:

—En el estudio de fotografía Gloria nunca hablaba. Miraba al piso o a una pared. Era como…

—¿Como si esperara el momento de volverse Gloria, la Gloria de los escenarios, en cuanto prendieras las luces del estudio?

—Eso —dice Maritza.

35

Esa noche envío por estafeta la grabación a la transcriptora. Creo que he capturado la mitad del arco de la historia de Gloria. Una historia donde se trenza el relato A de los reflectores del éxito con el relato B de las oscuridades.

Tendré que entrar a los detalles. Precisarlos. Luego completar el arco hasta la Gran Tragedia, en la que debo adentrarme.

Por lo pronto le llamo a Rocío y le pido que busque una cita con varias personas.

Christian me visita esa noche, se sienta en el borde de una cama y me dice con cara preocupada algo curioso.

—¿No debíamos avisarle a Gloria que hablarás con Paty Chapoy y con Sergio Andrade?

—No —lo tranquilizo—. Yo no le digo a Gloria cómo debe cantar, no veo por qué ella se imagine que debo darle cuentas de cómo armo la investigación para escribir el guión de cine.

Lo explico un poco más:

—Es un método periodístico elemental: cruzar fuentes, para confirmarlas.

Y algo extraño sucede también esa noche.

Entra a mi correo un mensaje titulado *EXPEDIENTE* y cuyo remitente es un misterioso *Juanito*.

¿Juanito?

No conozco a nadie que se haga llamar Juanito.

Lo abro y leo:

Estimada Sabina:
Por una simbólica cantidad de 10 mil pesos, le entregaremos un expediente secreto de Gloria Trevi.
Abróchese el cinturón de seguridad, es material peligroso.
Juanito.

Eso, información sin fuente clara, obtenida por un pago, eso es lo que no necesito.

Borro el correo.

36

A la mañana siguiente viajamos en la camioneta que maneja Armando por las calles de Tampico. Pero no vemos los paisajes ni las vistas turísticas.

Hablablablamos horas.

Gloria y Armando están desconsolados (cuidado con los abogados: aviso que esto es la impresión que me causan, de estar desconsolados). Han buscado a Alejandra Guzmán para un concierto a 2 voces, y el manager de la otra diva ha dicho que no, Alejandra no compartirá el escenario con Gloria.

Es un tiempo duro para Gloria. Quiere remontar a las cimas de popularidad de su carrera de antes de la Gran Tragedia, pero a su alrededor escucha la palabra que más hiere a una diva:

—No, no, no.

Yo quisiera ayudar. No tengo cómo. No soy una experta en eso de la Fama. En cambio le hablo a Gloria de Jaime Sabines, el enorme poeta mexicano, cuyos ritmos y tropos derivan del bolero romántico.

Ah, si Gloria leyera a Sabines y se contagiara de su música. Una música densa como la tragedia y de pronto inocente y ligera como una mariposa roja contra el azul del cielo.

Rosas rojas maceradas en tequila: el sabor de Sabines.

Gloria me escucha hablablablar del poeta sin mostrar entusiasmo.

—Te mando su libro —le digo por fin.

Sabines escribió a lo largo de su vida 1 solo libro, que compendia libros más delgados. Cada cuantos años, reeditaba su único libro, con agregados y recortes.

Y entonces la oigo hablar a ella del programa de televisión donde ahora participa. *El show de los sueños*. Una competencia donde cantantes famosos pareados con desconocidos compiten.

Mi falta abismal de entusiasmo debe asomar, porque cambiamos a un nuevo tema.

37

En un restaurante, de pronto, los ojos de Gloria se nublan.

Me cuenta de sus 2 hijos. Ángel Gabriel, a quien dio a luz en la cárcel, y Miguel Armando. Varias madres de la escuela a la que asisten los niños han pedido que los expulsen porque son hijos de Gloria Trevi.

El aire se hiela.

Y no sé cómo, saltamos a la revista *Quién*.

El *¡Hola!* mexicano.

La revista que la clase alta mexicana hojea para verse a sí misma en sus fotos y otros cientos de miles hojean para imaginarse incluidos entre ellos, los ricos, los bien vestidos y extraordinariamente maquillados, los que juegan polo el domingo, se casan en iglesias de haciendas, tienen 2 apellidos en lugar de 1 solo y nunca dejan de sonreír, satisfechos de sus vidas.

Bueno pues, Gloria dice que quiere aparecer en *Quién*.

De cierto, quiere aparecer en la portada.

Se lo comentaré a una reportera de la farándula cuando le pida una entrevista para revisar la historia de Gloria y me dirá:

—Delira. Es totalmente imposible que eso suceda.

—¿Por qué?

—Las editoras de *Quién* son niñas bien que conocen el pedigrí de la gente bien hasta 2 generaciones atrás.

—No ahora —dice Gloria en Tampico—. Pero sí en fecha próxima.

Lo dice con una determinación de hierro: saldrá en la portada de *Quién*.

VI

38

¡Chac!

¡Chac!

¡Chac!

En un mar de gente se mueve la camioneta. Armando al volante, mentando madres. Gloria apretujada al centro del asiento posterior, entre otras personas.

¡Chac!

¡Chac!

La gente golpea el cofre de la camioneta. Golpea los cristales laterales. Golpea el cristal de la espalda de la camioneta.

Palmas abiertas se pegan a los cristales. Los palmean. Rostros se pegan a los cristales.

Gritan:

—¡Te queremos, Gloria!

—¡Te queremos, Gloria!

Armando putea al volante. Es arduo esto de avanzar sin matar a un fan necio.

—¡Te queremos, Gloria!

No sé si lo dice Armando o lo digo yo:

—Te queremos matar, Gloria.

En todo caso, memorizo la frase. La usaré en el guión. Los fans adoran al ídolo hasta que lo matan.

Avanzamos 10 centímetros por minuto. Rumbo al palenque. La 1.ª presentación desde la Gran Tragedia de Gloria en su ciudad de nacimiento, Monterrey.

39

La noche anterior acompañé a Gloria al ensayo en el palenque.

5 mil butacas vacías dispuestas en un círculo, alrededor de la pista circular. Y Gloria cantando y bailando con su compañía de bailarines y músicos.

Se detiene, baja el micrófono.

Dice:

—Corrige los graves.

El ingeniero de sonido ecualiza los aparatos. Eso toma 10 minutos.

De nuevo Gloria canta a media voz, para no inflamarse la garganta, y baila, y sus bailarines la siguen atrás, vestidos de negro, pintarrajeados.

Me gusta la música, no me gustan los bailes ni el vestuario.

Pero lo que me impresiona es la madurez de Gloria. Controla cada detalle del espectáculo. Dirige a su equipo con precisión. Da órdenes con tranquilidad y sin aspavientos.

—A ver —dice—. Quiero ver cómo lo hacen.

Se retira al borde del escenario circular y da la orden para que los bailarines repasen unos compases.

—Mejor —dice—. Ahora vamos a revisar toda la canción.

Músicos y bailarines se recolocan. Gloria está al frente otra vez.

Alza la mano y al bajarla rápido vuelven la música y el movimiento.

40

En el concierto me siento al borde del escenario y switcheo mi oído al modo «fuera del lenguaje».

Lo que veo son 5 mil personas cantando y a Gloria cantando y a sus bailarines pintarrajeados moviéndose como locos.

Tomo nota: es un público que incluye a ricos y pobres y a clasemedieros.

Tomo nota: todos y cada uno conocen de memoria la letra de las canciones de Gloria, esas de antes de la Gran Tragedia.

La película debe mostrar conciertos. Es obvio, pienso. Tal vez su 3.ª parte debe ser música. Sería lo lógico. Lo entrañable de Gloria es eso: su música.

Y para Gloria también lo más entrañable de la vida parece ser eso: hacer música, cantar, mover con su canto a miles.

Me dirá:

—Había conciertos que yo prolongaba y prolongaba, porque no quería salir del escenario y regresar a los maltratos.

Los maltratos de la vida en el harem.

41

Gloria termina el concierto con una canción de su último álbum.

Una rosa blu.

Una extraña canción. La letra acude a metáforas difíciles.

Una rosa blu
es tan especial.
Es casi inocente,
a la vez tan fuerte.
No se difumina
y con un detalle
te puede hechizar.

Pero la música y el arreglo con saxofón son conmovedores.

Presto atención: no todo el público, sólo una mitad, conoce la letra y la canta con Gloria.

Porque sus espinas
pueden cortar la vida
de quien la ama más,
pero si fuera tuya
su perfume hará
que un instante valga
por intenso más
que una eternidad.

Entonces se prende un seguidor y su haz de luz centra a una mujer en las butacas más altas del palenque, una mujer que usa una pañoleta azul claro en la cabeza calva.

Una enferma de cáncer. Calva por la quimioterapia.

Debe de estar concertado, porque la mujer se alza y canta la canción y Gloria tiende los brazos hacia ella. La luz del escenario se apaga y es suplida con un seguidor sobre Gloria.

2 círculos de luz en un mar de sombra: en 1, Gloria, en otro la mujer, las 2 cantando *Una rosa blu.*

Tú serás su estación de primavera
Ella se abrirá a ti segura y bella
y en tu pecho echará la rosa blu
raíces para vivir y dejar su huella.

42

—Houla Sabina —me saluda el gigante güero, Christian.

Y se sienta a la mesa en el restaurante del hotel.

—¿Pueda traducir *Rosa blu* por mí?

Un mesero nos sirve jugo de naranja en vasos delgados y altos.

—Claro que sí —le digo al güero.

Le digo en inglés:

—Trata de que todo mundo en México quiere hacer el amor con los güeros.

—*Really?*

—*Really.*

Entonces Armando se acerca para saludarme.

Le pregunto si llegó por correo el libro de Jaime Sabines.

—Llegó, pero Gloria no lo ha leído.

Me decepciono.

—Ojalá lo lea —digo.

Armando se despide. Todo sin haber siquiera saludado a Christian.

—¿Por qué no te quiere, Christian? ¿Qué le hiciste?

Christian lo reflexiona y responde en inglés:

—Cree que tuve algo íntimo con Gloria hace años, cuando me quedé en casa de su madre en Miami.

—¿Y sí?

Christian se ríe.

—*No, nothing, nothing.*

43

Coloco el clip del micrófono en el cuello de la camisa de Gloria.

Prendo la grabadora.

Estamos en una de las salas del centro de negocios del hotel, en su último piso. Un cuadrado enmarcado con ventanales, cuyas cortinas han corrido para asegurar nuestra privacidad.

Regreso al tema de la vida dentro del harem.

—Me contaste de las comilonas en restaurantes.

Gloria asiente.

—Ahora dime esto. De seguro la gente se volvía a mirarlos. Toda esta tribu, un montón de chavas muy bonitas, muy niñas, de pelo largo, muy maquilladas, de tacones, y un solo hombre, un señor.

—Mira, la fantasía de la mayoría de los hombres es esa, entonces él se sentía realizado.

—Imagínate —digo yo— de pronto tener a tu disposición a 10 personas que compiten por ti.

Describo, para que Gloria corrija o agregue:

—Y las niñas eran también las mensajeras, las que contestaban los teléfonos, las que firmaban los documentos, los choferes.

—Las coristas —dice Gloria—. Las [modelos] de los calendarios.

—El cortejo de Sergio. Tu cortejo.

—Mira, hay quienes han dicho que yo me daba cuenta de las cosas y no lo denunciaba. Te digo esto: muchos se daban cuenta y no lo denunciaban.

—¿Tú podías salir a la calle con la tribu sin ser reconocida?

—Cuando íbamos a la tienda o a algún lugar Sergio me llamaba Marta, para que no me reconocieran. Me chocaba ese nombre. Iba camuflajeada. Con lentes negros. Disfrazada.

—Háblame ahora de los golpes. ¿Sergio te golpeaba?

Gloria contesta en voz baja.

—Me golpeaba, sí.

—¿Por qué te golpeaba?

—Porque fui muy estúpida. Muy estúpida.

Se lo concedo. Pero insisto en aterrizar la plática en incidentes concretos.

—Cuéntame de alguna vez que te golpeó.

—Te digo cómo empezaron los golpes.

Gloria mira al piso.

—Un día, cuando estaba con ensayos, tenía mucha hambre y agarré una lata de atún [de la alacena]. Son cosas muy estúpidas —se detiene.

—La vida está hecha sobre todo de cosas estúpidas —la animo.

Recomienza:

—Agarré una lata de atún, la abrí y me la comí, yo creí que nadie se dio cuenta [*sic*]. Pero luego el señor preguntó por la lata de atún y yo negué, entonces Raquenel [Mary Boquitas] dijo «Tú te la comiste», y yo lo volví a negar porque tenía pánico de que él me viera como una mentirosa. Entonces él dijo «Ah ¿entonces la mentirosa es Raquenel?», y le empezó a pegar a ella. Fue la primera vez que yo lo vi golpear a alguien. Entonces yo, tratando de detenerlo, dije «No, fui yo», y ahí fue donde él me da un golpe a mí. Y…

Vuelve a detenerse.

Vuelve a recomenzar:

—Me sentía culpable por haber sido mentirosa, y porque le había pegado a ella… O sea, sentí que me lo merecía. O casi.

—¿Y nunca le pegaste tú a él?

—Yo llegué a pararle los golpes, y por eso me consideraban una rebelde. Llegué a detenerle los golpes, a golpearlo no, porque yo no quería lastimarlo. Yo soy una persona a la que no le gusta lastimar a nadie.

—Tú eras un personaje público, Gloria, adorada por millones, entrevistada en noticiarios en México, en Chile, en Argentina, y sin embargo aceptabas castigos de Sergio. Hambres. Golpes.

—En aquel entonces, yo pensaba que…

Gloria traga saliva y sonríe:

—Pensaba que las mujeres éramos superiores al hombre, con excepción de él.

—Él tenía derechos excepcionales.

—Eso —dice Gloria.

Ojeo mis notas.

—Vamos a otro tema que no te va a gustar —digo—. Háblame de Aline.

Gloria resopla.

La mera mención de Aline la pone de mal humor.

44

Aline, la niña fatal.

El 3.er peldaño de la historia B, la historia que desciende a la Gran Tragedia.

Según el libro que Aline es-
cribirá, ella llega a la academia
cuando Gloria tiene 20 años.

Según Gloria, Aline a los 14
años parece una mujer de 18:
espigada, de metro y 80 centímetros, a menudo en tacones
altos y faldas muy cortas.

Según ambas, se conocen
en el salón donde Gloria ensaya la coreografía de *Dr. Psi-*

quiatra y Aline irrumpe por equivocación.

Llega a la academia para que Sergio —¿para qué más?— la
convierta en una estrella.

Sergio y Aline se hacen amantes.

Gloria lo padece. Sigue enamorada de Sergio que ya la considera demasiado vieja para él.

Sergio me lo dirá así:

—Lo nuestro fue siempre un amor inequitativo. Yo era ena-
moradizo y Gloria no.

En cierto momento los 3 se encuentran en Los Ángeles, Sergio produce el 2.º disco de Gloria y el 1.º de Aline, y entonces
Aline regresa a México sólo por un par de semanas.

—Tenía unos exámenes, creo recordar —dice Gloria—. Entonces lo llama de México. Sergio cuelga [el teléfono] y me dice
«Su mamá descubrió que Aline anda conmigo». Para él era
algo trágico, porque así fue como sucedió la separación de él y
Lucero: los descubrió la mamá.

Gloria y Sergio van al cine.

—Él se pone a llorar en mi hombro y me dice «Es que realmente la amo» y mis lágrimas [también] caían. Al día siguiente se va [a México], habla con la mamá de Aline y le dice «Nos amamos», pero la mamá le responde «Si quieres seguir viéndola se tienen que casar, y se tienen que casar por la Iglesia».

—Ella tiene 15 años.

—Y él 20 más.

En los días previos a la boda, Aline y el harem visitan al grupo de muchachos cantantes, Menudo, en el camerino de un concierto, y Aline se encierra con uno de los jóvenes en un cuarto y se besan.

Al recibir el reporte, Sergio enfurece pero aun así no posponen el matrimonio.

Según Gloria, Aline ya casada, continúa las aventuras extramaritales. Se enreda con un fan. Se enreda con alguien más.

Sergio pide el divorcio.

Y Aline entra a TV Azteca en busca de otra ruta a la Fama.

Ah la Fama: la Meca adonde todos los personajes de este libro aspiran a llegar.

Y en TV Azteca, mientras se ensaya en telenovelas o como conductora, Aline conoce al periodista Rubén Aviña, por entonces ejecutivo de la televisora, quien redacta el libro que la llevará en efecto a la celebridad instantánea.

La Gloria por el Infierno.

Un libro con un título alrevesado a mi entender, puesto que según relata, es el Infierno lo que Aline y las otras niñas del harem deben cruzar para alcanzar la Gloria.

El Infierno según Aline son los secretos inconfesados de la tribu.

Para empezar, los castigos. Una tina llena de hielo en la que pasar la noche. Un encierro de días en un lugar oscuro. Para seguir, la competencia entre las niñas por el amor del jeque. Por fin, la sexualidad de menores con un adulto.

La Gloria por el Infierno encabeza en 1998 la lista de los 10 libros más vendidos del año, al lado de *La fiesta del Chivo* de Mario Vargas Llosa y *Los detectives salvajes*, de Roberto Bolaño, y desata el Gran Escándalo, prolegómeno de la Gran Tragedia.

Clic.

El carrete se agota.

Sugiero un respiro, para ir a servirnos algo de beber en el bufete del centro de negocios.

VII

45

Clic.

Reenciendo la grabadora.

—Volvamos al libro de Aline. ¿Cuándo oíste hablar de su publicación?

—Ahora te digo cuándo. Es cuando no firmo el contrato con TV Azteca y me voy con Televisa, y ella ya estaba en TV Azteca.

—¿Te preocupó?

—No. ¿Qué podía preocuparme de lo que dijera Aline de mí? Yo no tomaba drogas, no fumaba, no era alcohólica, tampoco era puta ni lesbiana.

Lo pongo en duda:

—¿Cómo pudo no haberte preocupado?

—Aline se había casado con él por insistencia de su madre, y se habían casado por la Iglesia y por lo civil. Se habían divorciado conforme a la ley, él le había pagado una cifra de dinero.

—¿Nada te parecía indecible? —lo vuelvo a dudar.

—Pensé que lo peor sería si dijera que yo no era tan rebelde como me suponían. Pero te digo algo.

Espero a que me lo diga.

—Yo nunca me fingí más rebelde de lo que yo soy, pero había mucha gente que me suponía más rebelde. Gente que no ponía atención a mis canciones, como *El recuento de los daños* o *Con los ojos cerrados*.

46

Es verdad. *Con los ojos cerrados* es la confesión de un amor ingrato entre desiguales.

> *Debo confesar que cuando él me besa*
> *el mundo da vueltas dentro de mi cabeza,*
> *cierro los ojos y siento su aliento,*
> *mi sangre quema cualquier pensamiento.*
>
> *Y le creo, le creo, le creo...*
> *Le creo cuando dice te quiero.*
> *Le creo que su amor será eterno.*
> *Le creo que es el hombre más bueno.*
> *Le creo que la luna es de queso*
> *y si él me diera otro beso*
> *qué más da si me miente, yo le creo,*
> *con los ojos cerrados...*

Y *El recuento de los daños*, en mi opinión la canción más bella de Gloria, es más cruel en la descripción de la codependencia de Gloria con Sergio.

> *El recuento de los daños,*
> *del holocausto de tu amor...*
> *son incalculables e irreparables,*
> *hay demasiada destrucción...*
> *En el recuento de los daños*
> *lo material todo lo perdí,*
> *perdí mi casa y mis amigas,*

todo lo mío te lo di.
Entre los desaparecidos:
mi resistencia y mi voluntad,
y hay algo mutilado que he pensado
que tal vez era mi dignidad...

47

—Yo era un libro abierto —dice Gloria—. Mi diario íntimo está en mis canciones. Y mis conversaciones con el público siempre fueron muy apegadas a mi personalidad.

Le cuento a Gloria mi recuerdo de cuando vi el video de *El recuento de los daños.*

—La historia que se narra es la de una niña que es secuestrada por un leñador, un ogro barbón muy parecido físicamente al Sergio de esos años. Un ogro que mantiene a la niña presa en una cabaña solitaria en el monte hasta que se vuelve mujer.

Gloria me escucha sin agregar algo.

—Y esta es la mayor sorpresa políticamente indecorosa del video —digo yo—: para entonces la víctima se ha enamorado de su victimario. Se acurruca contra su cuerpo para besarlo. Lo acaricia. Lo requiere aunque él apenas y le responde.

Gloria de 40 años levanta la vista al techo.

Empieza a decir algo.

¿Me quiere contar la historia tras el video?

Se corta.

No hablamos 1 minuto entero en que ella mira al techo, los ojos llenándosele de lágrimas.

bit.ly/Gloria_ElRecuentoDeLosDaños

48

—¿Y a Sergio le preocupó el libro de Aline?

—Sí, a él sí le preocupó mucho.

—¿Él sí conocía las implicaciones de lo que contaría Aline? Gloria responde lateralmente:

—Yo supuse que [Sergio se preocupó] porque era tan ermitaño y no le gustaban las entrevistas ni ese tipo de cosas. Como que le molestaba la demás gente.

—¿Eso pensaste? De verdad me es difícil creerlo. Sergio tenía sexo con menores de edad, en algún momento debiste darte cuenta de que eso era un delito, y que por eso él lo ocultaba.

—Lo que pasa es que yo no me daba cuenta de lo anormal que era ese mundo en que vivíamos. Ni tampoco de cómo él quería esconderlo.

—¿No te dabas cuenta? —insisto.

—Realmente no me daba cuenta —repite Gloria—. Ni siquiera tenía tan claro ese mundo en el que él estaba, la mayor parte del tiempo yo estaba en conciertos. 30 al mes. A veces 34, porque podía dobletear.

—Pero siempre volvías a la tribu y veías cómo vivían, una docena de niñas y un hombre, cambiando las geometrías amorosas.

—No me daba cuenta —alza Gloria la voz.

Pienso: si vuelvo a insistir en que sí se daba cuenta de lo que sucedía en el harem, se rompe este pacto entre Gloria y yo de recorrer su historia.

—En todo caso —digo—, es por ese libro que Sergio y tú y la tribu se alejan de la mirada del público.

—No es por eso —me corta Gloria, de nuevo irritada.

Me dice que más bien Sergio era «muy bohemio» y estaba harto del trabajo. Ya no deseaba ocuparse de conciertos y grabaciones. Ya no quería pelearse con las televisoras. Quería viajar y escribir.

—Ya habían suficientes propiedades, y él se quejaba mucho de un dolor en la espalda. [Un día] se fue a hacer análisis y dijo que tenía miedo de que fuera un tumor [canceroso], y que si lo operaban se podía quedar inválido.

—Pero no tenía cáncer.

—No. Pero sí tenía algo, [porque] después en Brasil le dio el síndrome de Guillain-Barré. Le salió en la espalda y fue lo que lo tuvo paralítico, del cuello a los pies. Además…

Gloria lo piensa antes de decir:

—Además otra cosa lo tenía harto. Nos daban invitaciones y ponían [en el sobre] «Gloria Trevi, presente», y a él le molestaba mucho. Imagínate, con lo egocentrista que era Sergio Andrade.

Guardo silencio: aún no creo que Sergio se retiró de la vida artística por los rótulos en las invitaciones o el tedio de administrar una fortuna.

En todo caso, le pido a Gloria que me cuente lo ocurrido el 13 de marzo de 1996. El día en que él le pide el gesto más trágico que la lealtad puede pedir: el sacrificio de su propio destino.

49

—Una tarde, estando en pleno concierto en el Auditorio Nacional [ante 10 mil personas], sin aviso [previo], me dice «Anúnciale a la gente que este es tu último concierto. Diles que te vas a retirar porque le vas a hacer una promesa a la virgen de Guadalupe, que hasta que yo me cure tú no vuelves a cantar».

—¿Qué haces tú?

—Yo… —empieza Gloria.

Traga saliva.

—Yo creí que era una trampa. Uno de sus pretextos para no tener una relación seria conmigo. Es decir, para no creer en mi amor, porque él decía que yo andaba con él por mi carrera, porque él era productor. [Lo tomo entonces] como una forma de demostrarle que no, que para mí él era más importante que mi carrera. Aunque fui un poquito tramposa, porque yo dije «Hasta que se cure o pase lo que tenga que pasar.»

—¿Es decir?

—Es decir, porque si se muere…

—¿Sí?

—Yo quiero volver a cantar.

Suave, con tristeza, se ríe.

Continúa:

—Le canté al público *Unforgettable*. Me acuerdo y me da mucho sentimiento, porque me acuerdo que le dije al público…

Y acá Gloria tararea, con los ojos húmedos:

—*Unforgettable, that's what you are…*

50

Lo que es seguro es que Gloria sí se da cuenta de las consecuencias de la salida de *La Gloria por el Infierno*.

La prensa se llena de terribles titulares. Bautiza a la tribu como el Clan Trevi-Andrade.

Y también la prensa espía a la tribu, que para entonces está fuera de México.

En especial los persigue una reportera de TV Azteca. Laura Suárez. Enviada del programa de televisión *Ventaneando*, de Paty Chapoy.

Ventaneando: traslación del modismo *balconear*, que en mexicano significa exhibir, sacar lo hogareño al balcón donde pueda verlo cualquiera.

Dice Gloria:

—Yo creo que ha de haber sido en su momento una fan, porque era un acoso tremendo. Estaba enloquecida, era muy fuerte.

Gloria relata:

—Ella [Laura Suárez] fue a España y yo tengo una versión de que le habló a la gente de *Ventaneando* para decirles «No hay nada, aquí no hay nada», y le respondieron «Si no hay nada, invéntalo».

—¿Y qué inventó?

—Hubo una denuncia anónima diciendo que la casa donde estábamos nosotros era una casa de citas.

—¿Cómo sabes con certeza que fue ella?

—Ella estaba en esos días en España.

—Ah —digo yo—. Eso no prueba algo, ¿o sí?

Gloria insiste:

—[La intención de TV Azteca] era inventar algo para conformar [el crimen de] la corrupción [de menores].

Me lo confirmará la misma Laura Suárez. Su misión era doble: reportear sobre la singular tribu, pero también encontrar alguna evidencia de la corrupción de menores que llevara a una orden legal de captura.

Aline no podía acusar a Sergio de ello porque, después de todo, había estado legalmente casada con él.

En todo caso es el festín de la prensa del espectáculo.

La prensa rosa se tiñe de rojo y descubre que si las buenas noticias de los famosos ascienden los *ratings*, las malas noticias los ascienden más.

Es de cierto el inicio de la prensa púrpura en México.

José Origel, entonces todavía parte de TV Azteca lo explica así:

—¿De quién vas a hablar?, ¿quién te va a dar la nota? La persona que está allá arriba [en la Fama]. Y si le pasa alguna desgracia hay que hacerla pedazos para que también te genere información y noticia y escándalo.

Revistas, pasquines, periódicos garantizan aumentos de su circulación con notas de Gloria en portada.

Sólo los reporteros de Televisa callan. Gloria sigue siendo su estrella exclusiva, propiedad privada que no deben estropear.

Carlos Monsiváis, el Intelectual Más Famoso de México, extirpa de la siguiente edición de *Los rituales del caos* el reportaje sobre Gloria y cambia la portada del libro, donde también la desaparece.

Años más tarde le preguntaré si su conducta no fue una versión personal de la censura estalinista.

—No, Berman —se molesta Carlos e inclina el torso hacia adelante.

Estamos un domingo en un restaurante.

—Yo no trato con quien me miente. Gloria nos engañó a todos, así que para mí fue como si hubiese escrito sobre un fantasma. Un ser inexistente.

Elena Poniatowska, la Periodista Más Famosa de México, sencillamente sufre amnesia en relación a la cantante: no vuelve a mencionarla.

Algo más sucede. La prensa rosa, ahora púrpura, se bifurca.

La mayor parte se libera de los criterios mínimos del periodismo.

Pocos verifican nada. Casi nadie busca más fuentes que una sola. Aun la propia imaginación se vuelve una fuente autorizada.

Pero al mismo tiempo nace la prensa púrpura basada en investigaciones.

Así, se publican de Gloria noticias ciertas, inciertas e imposibles, entre ellas un satanismo en el Clan Trevi-Andrade.

He ahí la Fama de Gloria: va girando con un clic clac clic de reloj mecánico e implacable para mostrar su envés: la cara aborrecible de la Infamia.

infamia (del lat. *infamĭa*). **1.** f. Descrédito, deshonra. **2.** f. Maldad, vileza.

51

¡Chac!

¡Chac!

¡Chac!

Me viene a la memoria el mar de fans rodeando e impidiéndole el paso a la camioneta donde viajan Gloria y su equipo más próximo: golpean el cofre, la carrocería lateral, las ventanillas, y gritan:

—¡Te queremos, Gloria!

—¡Te queremos, Gloria!

Y alguien dentro de la camioneta exclama:

—Te queremos matar, Gloria.

52

La última hebra que se enlaza al cordel de la Gran Tragedia para volverla una soga de horca es Francisco Ariel.

Un bebé.

El hijo de una niña, Karina Yapor.

—¿Cómo conoces a Karina Yapor, Gloria?

Gloria aprieta el puño y traga saliva. Otro clavo en su corazón.

Narra:

—La conozco después de un concierto en Chihuahua.

O eso le hace recordar tiempo después Karina mostrándole las fotos del encuentro entre cientos de fans que rodean a la diva en el aeropuerto local.

—Hasta donde yo sé [o he reconstruido], ella y su mamá se acercan para decirme «Oye, tal vez haya una oportunidad de salir en alguna de las películas como las niñas de *Zapatos viejos*». Entonces yo le digo a, no me acuerdo quién iba conmigo, si Mary Boquitas o Gabriela Olguín, pero le digo «¿Por qué no le das tu teléfono a esta muchacha?, y cuando haya alguna audición, o vaya a haber una película o algo, pues le llaman».

—Y después te la encuentras en la Ciudad de México.

—Un día me dice Sergio «Vino una muchachita de Chihuahua que va a hacer una audición. Salúdala, dile que le eche muchas ganas», y entro ahí al cuarto del hotel, [la veo] con su mamá, con unos shortcitos y un atuendo muy poco apropiado para el Distrito Federal, y más con la estatura de ella, que era una niña como de 1.70 metros. Lo primero que yo pienso es «Cómo se parece a Aline». Ay no, me dije. Me dio como un…

—Un presentimiento de que Aline volvía.

—Algo así.

—Su madre afirmó que tú la visitaste en Chihuahua para asegurarle que Karina tenía talento y por eso te la confió.

Gloria niega con la cabeza.

—No es así —dice.

—En todo caso —digo yo, y me empieza a irritar mucho mi muletilla: *en todo caso*.

¿Cuántas veces he dicho *en todo caso* cuando hablo con Gloria?

Cada que descreo lo que ella me dice y sin embargo decido seguir adelante.

Sacudo la cabeza y Gloria me espera con paciencia.

Retomo, digo:

—En todo caso, Karina se une al harem.

Y como Aline, se vuelve alumna y luego amante de Sergio.

Pero su tiempo coincide con aquel en que Sergio decide alejarse de México y reproducirse, y embaraza a varias niñas, 5 en total, contando a Karina.

Gloria se dilata narrándome los dramas de la relación entre

el productor adulto y la niña embarazada. Dramas estridentes, enredados, pueriles y trágicos, todo a un tiempo.

Pueriles: anoto la palabra en una media hoja blanca.

Él la acusa de no cuidar al bebé que ella lleva en el vientre. Ella le exige fidelidades imposibles para el dueño del harem. Él se duele porque ella quiere abortar al producto de su amor. Luego exasperado la manda a abortar a un hospital en Houston flanqueada por otras niñas. Ella llama explicando que tendrían que sacar en pedazos al bebé.

Horrores pueriles: agrego el sustantivo en mi media hoja.

Sergio sin embargo le ordena el aborto pero ella regresa de Houston sin haber abortado. Y por fin nace Francisco Ariel y su madre quinceañera lo deja en un orfanato.

—¿Por qué lo abandona? —pregunto.

Gloria responde:

—Porque no consigue para el niño una visa para viajar con nosotros de España a Argentina. Pero no lo dejó en un orfanato.

Reviso mis medias hojas blancas:

—Yo creo que sí, Gloria. Un orfanato de monjas.

Nos enredamos un rato en la precisión de dónde abandona Karina a su hijo.

—En todo caso —digo yo—, lo que es seguro es que lo abandona.

Y para cuando Francisco Ariel reaparezca en la historia B de Gloria, ese niño de pelo castaño y ojos negros y grandes detonará la Gran Tragedia.

bit.ly/Gloria_KarinaYapor

53

Ana Dalai es una niña planeada. Lejos de los escenarios, Gloria se conmueve viendo a la hija de Sergio con Sonia, «la hija del hombre que yo quería más en ese momento, y era lo más parecido a un hijo mío» y él, notando su emoción, le pregunta si desea que le haga un hijo.

Ana Dalai nace el 10 de octubre de 1999 en Río de Janeiro.

—¿Por qué Ana Dalai?

—Porque a mí me gustaba mucho la película *Ana de los mil días*. Me gustó mucho el carácter de Ana Bolena cuando estaba en la cárcel.

—¿Y Dalai es en honor del Dalai Lama?

—Del Dalai Lama, sí. Lo sugirió él y a mí me gustó. Me gustó mucho cómo sonaba Ana Dalai.

Reconozco cómo Gloria evita lo más posible nombrar a Sergio. Lo llama: él.

En cambio al hablar de Ana Dalai le brillan los ojos y se le sonrosa el rostro.

bit.ly/Gloria_AnaDalai

54

En Río de Janeiro, Brasil, Gloria, Sergio y su hija viven solos el mejor periodo de su relación amorosa, en un edificio modesto junto al mar.

Bueno, solos ellos 3 no, ahí está con ellos Mary Boquitas, que se encarga de los aspectos prácticos de la vida diaria de la pareja y ayuda a Gloria con Ana Dalai.

Bueno, solos ellos 4 no, porque las chavas de la tribu los alcanzan con sus hijos, ocupan un departamento vecino y la vida en la familia extendida se reinstala.

Christian visita muchos años más tarde el edificio para documentar la película ya en tiempos de preproducción, y se sorprende de su modestia y de la estrechez de los 2 departamentos que la tribu usó. En especial le sorprende que en un departamento minúsculo de 2 estancias pudieron vivir más de 5 madres con sus bebés.

Es en Río de Janeiro, mediando el año 1999, donde Gloria debe asumir que la busca alguien más que los periodistas caza-famosos. La busca la Interpol. La policía internacional.

Un vecino la recordará así:

—Salía muy poco de su departamento. Cuando lo hacía, pare-cía muy tranquila. Saludaba siempre muy amable y en voz muy baja. Siempre usaba una camisa muy holgada, una cachucha para guardarse el pelo y unos lentes grandes y negros. Los inquilinos del edificio no sabíamos quién era. Nos vinimos a enterar cuando la vimos en la televisión tras el enrejado de la cárcel. Entonces empezaron a llegar aquí los periodistas en hordas y nos entrevis-taban y decíamos cualquier cosa para salir en la televisión.

55

Me acodo en las rodillas. Le digo a Gloria:

—Explícame este misterio. Tuviste el amor rendido de mi-llones de fans, ¿por qué no era suficiente?

Gloria no contesta. Lo expreso de otra forma:

—Yo te vi cantar ayer, vi a miles y miles de gentes cantando contigo, sabiéndose tus canciones de memoria. Poniéndote en el centro de sus corazones. ¿Por qué la necesidad de Sergio ante ese tamaño de amor? Un hombre que ni siquiera se entregaba a ti por completo.

—Porque... una cosa es la mujer profesional, y otra cosa es la mujer física, la mujer que necesita un abrazo, que busca calor, que busca un beso, que busca amor, el amor con el que sueña desde niña.

Lo explica más:

—Yo soy una niña que bautizaron, hice la 1.ª comunión, hice mi fiesta de 15 años, soñé con casarme de blanco y en una iglesia.

Una niña que veía las películas de Walt Disney. Y te cuento algo más. Ese momento [el de los cuentos de Walt Disney] era para mí el único momento en que yo, encerrada [en mi dormitorio] me reía y era yo misma. [A la hora de bajar del dormitorio] lo que encontraba era la soledad y la ausencia que yo había sentido desde que mis padres se separaron. La ausencia de mi papá.

56

En el avión Christian se felicita de que yo haya capturado ya ⅔ partes del arco de la historia de Gloria. Falta sólo la explosión de la Gran Tragedia y el lento descenso de Gloria a la desgracia.

Le pregunto si Sergio Andrade me dará la entrevista que le hemos pedido.

El güero se disculpa en inglés:

—No hasta que yo le termine de pagar los derechos de la historia de su vida.

—Dile que se olvide del puto dinero y piense si quiere darme su versión de los hechos.

—Negocia muy duro —me explica Christian.

—En todo caso —digo yo en español, de pésimo humor—, podemos contar la historia sin su versión, que además de seguro me llenaría la boca de muchos *en todo caso*.

—*Explain* —me pide Christian.

—Olvídalo —me hundo yo en mi enojo.

Cada *en todo caso* salido de mi boca marca un lugar donde la historia se revienta. Un lugar donde las causas y efectos no embonan o son dudosos.

—En todo puto caso —murmuro al aire.

Llevo unos 8 *en todo puto caso*.

57

En la Ciudad de México, por la noche, me pongo a trabajar en mi escritorio. En la computadora me esperan varios envíos de Rocío, entre ellos mis notas para la entrevista con Paty Chapoy y las definiciones jurídicas de ciertos términos.

CORRUPCIÓN DE MENORES.

VIOLACIÓN.

RAPTO.

Los crímenes de los que se acusó a Sergio y a Gloria.

COMPLICIDAD.

ENCUBRIMIENTO.

Crímenes de los que no se acusó a Gloria, pero cuyas definiciones Rocío considera que debo enterarme.

Isabelle me llama a cenar.

Con el cabello rubio más denso que hayan visto estos ojos, Isabelle es también un sol en cuanto a su disposición. Todo lo ilumina, incluso en esta medianoche.

—¿Cómo vas? —me pregunta en la cocina mientras menea con un cucharón en el sartén el arroz con queso.

—Voy a abrir un Etiqueta Negra.

Es decir, un *whisky* Etiqueta Negra.

—¿Tan mal? —se ríe Isabelle.

—Gloria no me está diciendo toda la verdad —le confío—. Me pide que escriba su historia verdadera, pero me esconde cosas.

—¿Qué te esconde?

—Si supiera, no sería un problema.

—Usa otras fuentes —sugiere Isabelle.

He realizado con ella varios documentales y sabe de estas complicaciones con la verdad.

Le respondo:

—Pensaba entrevistar a varios personajes principales de la historia de Gloria, y Rocío está revisando las pocas fuentes periodísticas confiables, pero…

Isabelle sirve 2 platos con el arroz con queso.

—Descorcha el vino —me pide.

Empiezo a trabajar en la botella de vino rojo. Sí, mejor vino que *whisky* para un arroz.

—¿Pero qué? —pregunta Isabelle.

Entonces le cuento del mensaje titulado *EXPEDIENTE* que llegó a mi correo.

—No pagues información —me advierte—. No caigas en la tentación. Desvirtuaría todo. Y menos a un vendedor llamado a secas *Juanito*.

—Juro no pagar información —prometo.

58

Encuentro en la papelera de mi correo el e-mail de *Juanito* titulado *EXPEDIENTE*.

Le contesto:

Oye Juanito:
Regálamelo.
S

VIII

59

Saludo a Claudia Zambrano en mi estudio de escritora. Un departamento desierto casi de muebles, con paredes blancas y vacías, como hojas en blanco, interrumpidas sólo por un ventanal que da a un parque.

Claudia es menuda, mulata, de ojos verdes y labios carnosos. Una belleza que sería exótica en cualquier latitud, mezcla de sangres india, negra, caucásica.

Fuimos compañeras en la Facultad de Psicología, que ninguna ejerció. Yo me fui al teatro y luego adquirí, por un azar benéfico, un 2.º interés, las entrevistas periodísticas.

Claudia se hizo doctora en lingüística, se encerró entre documentos antiguos a revisarlos y encontrar en ellos geometrías secretas, y encontró una 2.ª vocación altamente lucrativa en las investigaciones criminales.

—Con tal de estar lejos de los primates vivos, soporto toneladas de su bla bla bla por escrito —me dijo alguna vez.

Le entrego a la mulata misántropa de ojos verdes el escritorio de mi oficina. Ahí están 5 alteros de hojas. Aproximadamente 1,600 hojas tamaño oficio.

Es el *EXPEDIENTE* del Poder Judicial del Estado de Chihuahua, donde se sentenciaron finalmente los casos de Gloria Trevi, Sergio Andrade y Mary Boquitas. Un tal *Juanito* me lo ha enviado.

—Necesito 2 meses para estudiarlo —dice Claudia.

—Tienes 2 semanas, hasta la próxima entrevista con Gloria.

60

El elevador se abre en el 2.º piso del edificio de productores de TV Azteca. El piso de la prensa del espectáculo. Un piso cuadriculado en cubículos que ocupan un centenar de empleados.

Nunca he pisado ahí. Mi programa de entrevistas, que sale en la pantalla de la misma empresa, se graba en otro extremo de la ciudad, en un foro de cine.

Paty Chapoy, en un vestido amarillo, sin cuello y sin mangas, nos recibe en su oficina amablemente. Le presento al gigante rubio y lo mira hacia arriba. Hay 20 centímetros de distancia entre los ojos de ella y los de él.

Nos presenta entonces a Laura Suárez, la reportera que Gloria llamó «obsesionada» y que la siguió durante una década. Una mujer rubicunda, castaña clara.

Tomamos asiento a una mesa redonda. Coloco al centro de la mesa la grabadora, encendida.

61

—Sergio Andrade —empiezo yo—. Tú coordinabas el Festival OTI y así lo conoces. Cuéntame de él por favor.

Paty reúne las manos en su rodilla derecha, alarga el torso. Dice:

—Con gusto.

E informa:

—Sergio produjo discos importantes en su momento. A César Costa. Un grupo que se llamó Ciclón. Otro llamado Oki Doki. Lo empezaron a llamar figuras muy populares como Yuri. Lucero también. Yo trataba con él como compositor. También Sergio le produjo un disco a mi marido [el cantautor Álvaro Dávila], y los 2 trabajaron en ese material. Había una cierta amistad.

—Pasan los años y él es ya el manager de este fenómeno naciente, Gloria Trevi, y tú eres la conductora de un joven programa, *Ventaneando*, en la muy nueva TV Azteca. La televisora que rompe el monopolio de Televisa. ¿Sergio te llama a ti?

Paty se toma medio minuto para instalarse en el pasado. Dice:

—Me habla por teléfono y me dice «Estábamos Gloria y yo a punto de firmar el contrato de exclusividad con Emilio Azcárraga, y a mí no me gustó algo y decidí no firmar». Se levantaron de la mesa y dejaron a Azcárraga sentado en su oficina con el contrato.

—Al temible Tigre Azcárraga. El hombre más poderoso de los medios de por entonces.

Paty asiente.

—Entonces le digo yo «Sergio, ¿y por qué no nos sentamos a negociar que Gloria se venga a Televisión Azteca y así tú puedas tomar la decisión de cuál contrato es más jugoso para ti?»

—¿Se ven los 3: tú, él y Gloria?

—No, Gloria no aparecía en ninguna negociación.

—¿Qué le propones?

—Le digo, «¿Por qué para empezar no viene Gloria Trevi a *Ventaneando*?»

—En esa época nadie famoso daba entrevistas a *Ventaneando*.

Paty asiente.

En esa época Televisa amenazaba con el veto eterno y absoluto de sus pantallas a cualquiera que apareciera en la pequeña competidora emergente y nadie realmente era famoso si no salía en la pantalla de Televisa: la estrategia monopólica hasta hoy del Goliat de los medios.

Así que el problema de Paty Chapoy era el que sigue. ¿Cómo hacer un programa sobre gente famosa si la gente famosa se niega a aparecer en tu pantalla?

Paty Chapoy aprovechó una licencia de la ley: la crestomatía.

Tomaba de Televisa fragmentos de menos de 30 segundos, porque pasado ese límite reproducirlos sin derechos es ya delito, y los comentaba con sus coconductores. Pedro Sola, Martha Figueroa y Juan José Origel.

Por eso resulta tan importante para ella que la estrella del pop del momento acuda a su set.

—Imagínate —dice Paty Chapoy 12 años después—. Nosotros tendríamos menos de 1 año de salir al aire, teníamos 2 o 3 puntitos de *rating*, y llega Gloria Trevi y dimos 16 puntos de *rating*.

Paty sigue:

—Con esa evidencia, yo movilizo a la televisora para que nosotros le ofrezcamos algo importante. ¿Por qué no hacíamos una telenovela con ella? Sergio propone esta historia que ellos 2 estaban escribiendo, la historia de un hombre que tenía un harem.

No puedo evitar la risa:

—Era la historia que Gloria y Sergio estaban viviendo.

—Sí, se ventaneó pero cabrón.

—¿Ustedes sabían que no era una fantasía?

—No, no, no, no.

Paty lo niega pero de inmediato se corrije:

—[En realidad] se comentaba desde hacía tiempo en el medio artístico que Sergio siempre estaba rodeado de jovencitas. Que eso era muy raro. Pero en esa época no se hacía un periodismo de investigación. Era el mundo controlado por Televisa y según la información del espectáculo que Televisa difundía, todo era maravilloso, hermoso y precioso. Nadie tenía amantes, nadie se metía nada por las narices ni bebía alcohol, México era un planeta diseñado por Walt Disney.

—Walt Disney con asesoría del Vaticano —digo yo—. La moral más conservadora.

Inserto en la conversación mi propio recuerdo de ese planeta fantástico.

62

Como muchos escritores jóvenes, yo trabajé de guionista en Televisa. Un trabajo sencillo y bien pagado que me compraba tiempo para escribir teatro. Un trabajo que en mi caso consistía en entregarle preguntas a Shanik Berman para su programa de entrevistas con estrellas, *Íntimamente Shanik*.

Mis preguntas le parecieron demasiado arriesgadas a la productora y me citó a una junta con el Güero Burillo, director de la barra de espectáculos.

En una oficina diminuta, dominada por un escritorio demasiado grande, el Güero leyó en voz alta algunas de mis preguntas como si fueran las cláusulas de una sentencia:

¿Qué preferencia sexual tienes?

¿Por qué hablas con un acento extranjero si naciste en Irapuato?

¿Qué afiliación política tienes?

—Muy mal, Berman —me regañó el Güero—. Muy, muy mal.

Si deseaba permanecer en la empresa debía entender lo que sigue:

—Al Señor no le gusta que se hable mal de las estrellas. Sólo el Señor hace estrellas y sólo Él las deshace.

Yo pregunté:

—Disculpen, ¿todos en Televisa son muy religiosos?

—¿Por qué? —terció la productora.

—Porque hablan tanto del Señor.

—El Señor es el Señor Azcárraga, el Tigre —me aclaró Burillo—. ¿Cuál es tu agenda, Berman? ¿Dinamitar los valores de la familia tradicional mexicana?

La pregunta rebasó por completo la comprensión de la Sabina que fui a los 19 años. De habérmela topado una década más tarde hubiera respondido positivamente.

—Sí, eso quiero, señor, explotarla. Despedazar por el aire la familia patriarcal, autoritaria, misógina y homofóbica. Explotar sobre todo la noción de que existe sólo ese tipo de familia.

Nunca pude espetarle mi discurso libertario al señor Burillo porque muy pronto, de cierto a la semana siguiente, me despidieron.

Por el chícharo le pasé una pregunta a Shanik para Denise de Kalafe, la maravillosa cantante y compositora brasileña, que no les gustó.

—Y dime Denise, ¿te gustan las bicicletas? —dijo la delgada y muy rubia Shanik, en su tono falsamente inocente de a diario.

Bicicletas siendo un eufemismo para la bisexualidad.

—Oh, me fascinan las bicicletas —se divirtió Denise—. Te cuento más. Yo perdí mi virginidad montando una bicicleta.

—¡Berman! —tronó en el sonido general del set la voz de la productora—. Te dijimos que al Señor no le gusta tu agenda.

63

—Bueno, en esa época no se toca ni con el pétalo de la curiosidad a las personas públicas —digo yo—. Ya fueran de la política o el espectáculo. Todo mundo es sobrio, monógamo, católico y heterosexual.

—Somos nosotros en otro programa, *El ojo del huracán*, los que iniciamos las investigaciones.

—En ese contexto llega Sergio y te propone un tema arriesgado, un harem.

—Así es.

El deseo de Andrade de romper límites en una sociedad conservadora era perfecto para la nueva televisora.

—También hacemos el *making of* de los calendarios de Gloria y las otras niñas.

Otro asunto inédito para la época: cuerpos semidesnudos en la televisión.

—Pero entonces Sergio empieza a posponer la firma del contrato con pretextos. Él iba a producir y dirigir la telenovela y nos dijo que había mandado comprar ya todo un equipo de televisión y que el equipo estaba detenido en la aduana y no la pasaba. Y aquí todos nos tragábamos todas las mentiras.

—¿Hay una reunión de Ricardo Salinas con Sergio?

—Claro, con Sergio y Gloria y la abogada de Sergio, una mujer llamada Nora, que también fue su pareja y con quien tuvo una hija, según recuerdo.

—¿Cuándo firman el contrato?

—Nos siguió dando largas, y de pronto nos dejó con un palmo de narices. Televisa le ofrece 8 millones de dólares para que Gloria haga un programa llamado *XE-TÚ Remix*, 4 telenovelas y 3 películas.

—¿Qué hicieron ustedes?

Paty exhala aire en un soplo largo.

Dice:

—Nada. No podíamos hacer nada.

64

—¿Cómo llega a ti Aline Hernández?

—Aline me visita con su mamá acá en la oficina. Yo sabía

que a los 14 años se había casado con Sergio y se habían luego divorciado. Bueno, Aline me platica lo que vivió, y a mí me impactó.

—Cuando te lo platica habían pasado 6 años. Aline tenía 20 años.

—Recuerdo que traía un escote y todo el cuello se le puso rojo y le empezaron a salir manchas moradas al platicar su historia, y yo pensaba que era gruesísimo lo que contaba.

—Te cuenta la vida dentro del harem.

—Me cuenta cómo Sergio las encerraba en los cuartos [de la academia]. Cómo en una ocasión las llevó a festejar la navidad con su mamá y las encerró en el cuarto de servicio para que no comieran varios días y adelgazaran, eran en esa época no me acuerdo si dijo que 6 u 8 niñas. Y después de varios días las sacó y les ordenó «Ahora cocinen la sopa, porque queremos cenar mi mamá y yo». Me cuenta de estar castigada bajo el escritorio de Sergio durante horas.

—Y tú le ayudas a publicar su libro.

—No, nada.

—Pero ese libro no lo escribió ella. Lo escribió con alguien de TV Azteca. Rubén Aviña. ¿Quién es Rubén Aviña?

Laura Suárez responde:

—Es escritor, periodista de espectáculos, y en ese momento era gerente de prensa de Azteca Digital.

—Y tú prologas el libro, Paty.

Paty se ríe.

—Ya no me acordaba. Claro, claro.

Laura interviene, para ordenar los tiempos del relato:

—Sucede así. La señora Chapoy recibe el manuscrito [del libro de Aline] y me ordena «Investiga esto, verifica esta historia». Entonces me doy cuenta de que lo importante es si esta historia que sucedió hace 6 años pudiera estar pasando [todavía].

Digo:

—Esa historia de la sexualidad con menores de edad.

—Así es. Así que nos lanzamos a buscar chavitas que hubieran podido ser corrompidas por Sergio. Empecé a viajar a Monterrey, a varias ciudades, me fui a todo el norte del país, también buscando a los papás de las niñas.

—Para entonces Gloria y Sergio y el harem ya habían salido de México…

Laura me asegura que Sergio hizo que Gloria se retirara de los escenarios para escapar y estar escondida cuando el libro saliera a la luz.

Le pido evidencias. Me señala sólo los tiempos de los sucesos:

Aline escribe el libro, a continuación Sergio se lleva a la tribu fuera del país.

—Y para cuando el libro se publica —dice Laura—, aparece en la televisión nuestra investigación de 2 horas. Y nadie sabe dónde diablos están Gloria y su clan.

Paty dice:

—Nos culparon de hacer una campaña en contra de Gloria. De lincharla. Pero lo que hacíamos era mostrar hechos. No fabricamos nada. Y para ese momento, la verdad es que lo que más me preocupa a mí eran las menores de edad, no Gloria.

Laura dice:

—*La Jornada* también investigó con seriedad el caso y publicó reportajes.

—Tú detectas al harem por fin en España, Laura. Los sigues hasta Argentina. Y los pierdes cuando huyen a Brasil. En todo este tiempo no es un caso formalmente delictuoso. Es sólo un escándalo.

Laura asiente.

—Explícame —le pido—. Las relaciones sexuales de un adulto con un menor de edad son un delito, ¿no es cierto?

Laura explica:

—La corrupción de menores es un delito grave. La legislación cambia de país a país, y en México de estado a estado, pero siempre es grave.

—¿Aun con consentimiento del menor? Digamos que la menor es la que seduce al señor mayor y está perdidamente enamorada de él.

—No importa para la ley. Se llama estupro. Estupro es la relación consensuada de una menor de edad con una persona adulta.

—Vuelvo a preguntar: ¿por qué entonces el harem no es perseguido por la justicia, sólo por los periodistas?

—Porque nadie los denuncia ante la ley. Debe haber una denuncia para que la justicia los persiga.

—¿Entre todos los padres de las niñas del harem que tú visitas, ninguno quiere denunciar?

—Nadie se atreve. [De hecho] entonces [nos dimos a la tarea de] buscar a una menor que pusiera una denuncia.

Laura relata esa búsqueda larga, que la lleva otra vez por todo México.

Por fin una menor está dispuesta, Guadalupe Carrasco, corista entrenada en la academia, pero el estupro había sucedido hacía años y la legislación de la Ciudad de México, donde sucedió, consideraba el crimen ya obsoleto.

Encuentran a otra menor, de cierto familiar de Gloria, que también tuvo relaciones con Sergio, en Texas.

—Donde la legislación es durísima en el castigo del estupro.

Pero la familia reprime a la posible delatora.

Paty Chapoy recuerda:

—La abuela literalmente le dijo a la muchacha «Gloria es nuestra familia y muy famosa, no la podemos lastimar».

TV Azteca paga viajes de parientes y de posibles denunciantes:

—Pero no paga declaraciones ni entrevistas —afirma Laura.

Le pregunto:

—¿Cómo sabes tú que Gloria sabía que Sergio estaba cometiendo un delito?

Laura se asombra ante mi duda:

—Si no es así, ¿por qué Gloria lo escondía [la vida dentro del harem]? Si no es así, ¿por qué huyó cuando estaba por salir el libro?

Digo:

—Tal vez por obedecer con los ojos cerrados a Sergio.

Laura dice:

—No hay duda de que Gloria fue una tonta en esto. Imagínate que en toda esta historia ella fue la que amó a Andrade mientras él la trató pésimo y le destruyó la vida. Pero [el hecho es que] ella tenía ya 30 años, y tonta o no, ya era responsable ante la ley.

Apunto en mis medias hojas de papel: *Responsable de encubrimiento, tal vez, ¿pero de complicidad y de corrupción?*

Pregunto:

—Laura, ¿Gloria cooperaba en el estupro?

—Ella era el gancho. Todas estas niñas acudían con Sergio para que las volviera Gloria Trevi.

—Pero eso no era su responsabilidad, ¿o sí?

—No. Pero a ella le tocaba convencer a las jovencitas de que accedieran a todo lo que quería Sergio, en el entendido de que si no lo hacían, ella iba a sufrir las consecuencias.

Pregunto por la fuente de la 2.ª afirmación, que implicaría la complicidad de Gloria en el estupro.

Laura dice que las víctimas del estupro lo declararon a la prensa y/o al Poder Judicial.

—¿Poder Judicial de Chihuahua?

—Así es.

Es decir, pienso, que eso debe aparecer en el *EXPEDIENTE* de *Juanito*.

65

—Laura, tú eres quien avisa a los señores Yapor que su hija de 15 años ha abandonado a un nieto en España.

—No, no soy yo —dice Laura—. Yo los entrevisto, pero no les aviso.

121

Escribo en mis medias hojas: *¿Quién entonces?*

En todo caso, a 1 año de publicado el libro *La Gloria por el Infierno*, los señores Yapor reciben la asombrosa noticia.

Han ingresado a la niña en una academia de música, Sergio y Gloria les han dicho que es «un diamante en bruto que nosotros puliremos», le han firmado papeles a Sergio de tutela y luego para que la niña prosiga sus estudios en la Academia Falla de España. Antes de partir al viaje su hija Karina los ha visitado, por cierto que acompañada por otras niñas, y les ha advertido que un libro llamado *La Gloria por el Infierno* difamará a sus maestros, Gloria misma ha salido en la televisión asegurando que el libro es una colección de falsedades de «una artista mediocre y resentida», y ahora tienen a un nieto en los brazos y les es imposible comunicarse con Karina.

Su hija ha desaparecido.

Acá el reportaje de ese momento del periódico *La Jornada*.

bit.ly/Gloria_FamiliaYapor

66

El 24 de marzo de 1999, en la Procuraduría General de Justicia de Chihuahua, la señora Teresita de Jesús Gómez de Yapor, madre de Karina Yapor, presenta una denuncia en contra de Andrade, Trevi y las coristas Raquenel Portillo «Mary Boquitas» y Marlene Calderón, por corrupción y violación de menores, amén que por rapto.

A partir de entonces la Procuraduría de Justicia de Chihuahua gira orden de detención contra los denunciados, y al no encontrarlos, los declara prófugos de la Justicia.

Y a continuación pide a la Interpol su movilización para capturarlos fuera de México.

Una de las 1.ᵃˢ medidas de la policía internacional es pedirle a Paty Chapoy acceso a su archivo.

Uno sólo puede asombrarse de la escena: reporteros de la farándula y detectives de la Interpol sentados en la misma oficina revisando videos en un monitor.

O puede intentar imaginarse los descansos en el cuarto de la cafetera. ¿De qué hablan los detectives y los reporteros de los famosos?

67

Esa tarde dividiré con una línea una media hoja blanca y arriba de cada mitad pondré una palabra:

Coincidencias   *Contradicciones*

123

Y haré el ejercicio: encontrar entre lo que me ha narrado Gloria y lo que me han narrado Paty Chapoy y Laura Suárez, las coincidencias y las contradicciones.

Y me sorprenderé al hallar sólo coincidencias y sólo 2 contradicciones. Por cierto 2 contradicciones no menores, pues tienen graves implicaciones legales.

Según Gloria, ella no sabía nada de lo que Sergio hacía con las niñas. Según Paty y Laura, sabía y cooperaba en ello.

Según Gloria, ella no escapó de las implicaciones legales que sabía traería la denuncia de Aline. Según Paty y Laura, escapó a sabiendas de la Ley.

68

Pregunto a Paty Chapoy y Laura Suárez:

—¿Estarían ustedes de acuerdo en que sin su intervención este caso hubiera quedado en un rumor de los pasillos de las televisoras y las disqueras?

Paty dice:

—Sin duda.

Laura asiente.

69

Esa noche me llama Gloria. Va a salir en un canal de televisión restringida un nuevo documental sobre su vida.

—Me importa que lo veas —me dice.

A bote pronto la invito a mi programa de entrevistas en TV Azteca.

Tarda en replicar:

—No puedo. Me hicieron mucho daño.

—Te dejo abierta la puerta para mi espacio. Cuando tú decidas, Gloria.

IX

70

Por esos días viajo a Tepoztlán, a entrevistar a otra cantante legendaria. Chavela Vargas.

Chavela vive en un búngalo, con vista a los montes de piedra, con su enfermera y con Lola, una xoloescuincle gorda, vieja y pelona, que bamboleándose y meciendo su cola llega a recibir a las 2 camionetas de la televisora.

Chavela está débil, vestida de pantalones blancos y poncho rojo camina con pasos inciertos por el jardín donde hemos colocado 3 cámaras ante 3 equipales. Haremos la entrevista Katia D'Artigues y yo.

Pero ya sentada Chavela es la salud vital encarnada. Todo le da risa o ternura, especialmente sus propias historias de ebria perdida o de enamorada de las mujeres más hermosas y talentosas del planeta.

2 por muestra: Frida Kahlo y Grace Kelly.

Su sinceridad desarma todo prejuicio, porque empieza por desarmarle a ella cualquier defensa.

—Las botellas me tenían pánico —afirma.

Katia pregunta:

—¿Las botellas? ¿Por qué Chavela?

—No'mbre, me veían llegar y se hacían chiquitas del pánico porque sabían que iban a perecer por mi mano y en mi boca.

Habla como si cantara y canta, porque a menudo le pedimos que cante *a capella* las canciones que menciona, como si hablara, aplanando la melodía, en el estilo que la volvió célebre.

Nos cuenta cómo tuvo la dicha de presenciar a José Alfredo Jiménez, su amigo del alma, componiendo *El Rey*, el himno extraoficial mexicano.

José Alfredo estaba enfermo de cáncer terminal y se llevó a Chavela al Tenampa, una cantina en el centro de la Ciudad de México. Pasadas 28 horas de parranda, José Alfredo, ahogado en tequila, se subió a una mesa y de pie ahí fue hilvanando, frase a frase, ese himno al macho.

—Yo sé bien que estoy afuera —dice Chavela que cantó José Alfredo—, pero el día que yo me muera, sé que tendrás que llorar.

—Ajúa —exclama quedito un camarógrafo desde atrás de su máquina.

—Dirás que no me quisiste —sigue Chavela— pero vas a estar muy triste… y así te vas a quedar…

Y al fondo del cielo muy azul de Tepoztlán cruza sin ruido un avión de 1 centímetro.

71

En el camino de regreso a la Ciudad de México, en el automóvil, desde el asiento del copiloto, Rocío le pide a la representante y amiga de Chavela, María Cortina, que me cuente sobre el hijo de Karina Yapor.

María tiene el dato que le falta a Gloria y a Paty Chapoy sobre el resurgimiento del niño en esta historia.

María era agregada de prensa en la Embajada de México, cuando la llama una monja de un orfanato. Tienen al hijo de una mexicana, una tal Karina Yapor, y las reglas son regresarlo a su familia al cabo de 1 año.

¿Puede la embajada localizar a Karina o a sus parientes más cercanos?

Es María la que localiza a los abuelos del niño, quienes viajan a Madrid para recoger a Francisco Ariel.

Pero antes de partir, denuncian ante la Procuraduría de Justicia de Chihuahua a Andrade, Trevi, Raquenel y Marlene Calderón por corrupción, rapto y violación de menores.

La denuncia se traduce en una orden de captura y la policía de Chihuahua pide a la Interpol su colaboración.

Lo dicho antes: la Interpol empieza sus averiguaciones por revisar el archivo de *Ventaneando*.

Lo que sigue es el 1.er golpe brutal, irreparable, de la Gran Tragedia.

72

Me siento en el estudio, en la salita anexa a la oficina donde trabaja la mulata de ojos verdes, Claudia, en el *EXPEDIENTE*.

Para ahora las paredes de todo el estudio están recorridas de papeles. Hojas enchinchadas a la pared. Tarjetas enchinchadas a la pared.

Una sucesión de papeles que recorre las 4 paredes de la salita, entra a las paredes de un pasillo y recorre las paredes de la oficina donde Claudia trabaja, sentada con los tenis morados subidos al escritorio de cristal, leyendo y circulando con un plumón rojo palabras o párrafos.

Busco en el librero el libro *Gloria*, firmado y supuestamente escrito por Gloria Trevi. Está sólo su funda vacía.

Me detengo en este libro un momento. El libro fue supuestamente escrito por Gloria después de su salida de la cárcel, pero cuando le pregunto a Gloria si puedo considerarlo una fuente verídica de información, titubea.

—Lo escribió mi madre —me descubre—. Algunas cosas son ficción.

Bueno pues, Claudia ha destazado ese libro en capítulos, ha tirado en la papelera los capítulos de ficción y los verídicos (a decir de Gloria misma) los ha clavado con una chinche a la pared, en el lugar donde cada cual corresponde cronológicamente.

Desclavo el de la muerte de Ana Dalai.

73

Así relata Gloria la muerte de su hija.

Sergio reúne a la tribu para discutir el regreso de Karina a México. Karina debe regresar y anular la denuncia que sus padres han hecho.

Karina no quiere irse, protesta, las horas pasan en esa sala de aire caliente, atestada de jóvenes con sus bebés, donde se discute.

Gloria pide permiso para ir al dormitorio y amamantar a su hija. Sergio le niega el permiso.

Sigue la discusión, el entrenamiento, las rebeliones de Karina, sus protestas de amor a Sergio, las promesas de Sergio de que la traerá de vuelta a la tribu en cuanto sea mayor de edad.

Gloria se angustia. Siente la urgencia de atender a su bebé.

Por fin le es concedido ir al dormitorio. Amamanta a Ana Dalai. La tiende en la cama. Vuelve a la junta de la tribu.

Exasperado, Sergio ordena un descanso y envía a Karina a encerrarse en el dormitorio donde está el bebé.

Se destazan algunos pollos, la tribu come. Se reanuda la junta.

Y al cabo de algún tiempo la angustia de Gloria por su hija vuelve. Sergio envía a Katia de la Cuesta a traer a Ana Dalai.

Katia entrega a Gloria a la niña envuelta en un cobertor diciéndole:

—Sh. Está dormida.

Gloria destapa al bebé y le ve la boca azul. Las mejillas no rosadas, sino pálidas.

—Grité —narra Gloria.

Es un grito más largo que el dolor.

Sergio le ordena a Mary Boquitas que haga algo.

Mary y Liliana, una joven argentina, le dan respiración boca a boca.

Ana Dalai suelta un gemidito.

Pero está muerta.

74

Probablemente porque Gloria es buscada por la Interpol y no quiere salir del departamento, no se ocupa de su entierro.

Pero le pregunta obsesivamente a Sergio si le han dado cristiana sepultura.

—Creí que él era fuerte —me lo dirá Gloria en nuestra 3.ª entrevista—. Creí que era valiente. Que en ese momento, el más difícil de nuestra vida, no sería cobarde. Que le daría cristiana sepultura a nuestra hija.

Empieza a insistirle también a Liliana:

—Le decía «¿Me vas a llevar a ver a mi hija?». Ella respondía que no me podía llevar. «Es que no te vas a comportar, vas a gritar, vas a querer desenterrarla». Y yo con Liliana —se conduele Gloria— hasta me atreví a tratarla como a una amiga, a contarle cosas que creí que no iba a decirle ni a Sergio. «Pase lo que pase, aunque no estés con él, tú me vas a acompañar», le decía y ella lloraba conmigo.

75

Para entonces Karina ha reaparecido en México con su encomienda de neutralizar la denuncia de sus padres.

En 1 pared de la salita de mi estudio está una tarjeta con el dato del video donde puede uno observar su llegada al aeropuerto escoltada por Marlene.

bit.ly/Gloria_Investigación_ElRecuentoDeLosDaños

La fecha: 16 de diciembre de 1999.

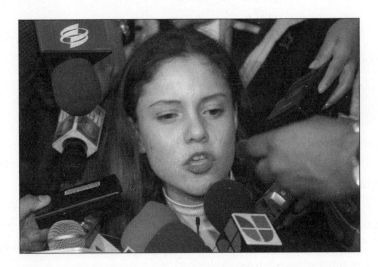

Karina, el pelo largo, el maquillaje de mujer, su belleza de juventud radiante, al centro de 20 micrófonos, declara a tirones, como aprendido de memoria, que ha vuelto por su propia voluntad.

Sigue así:

—Y aprovecho este momento para pedir una disculpa muy grande a la señorita Gloria Trevi, si es que me está viendo. Al señor Sergio Andrade, a la señorita Katia de la Cuesta, la señorita Gabriela Olguín, quien ha sido una persona siempre gentilísima, siempre fue una persona muy fina conmigo. Que yo no sé de dónde salieron tantas mentiras…

Empezará por desmentir que su hijo es de Sergio. Es de un jovencito que fue su novio, dice.

Por momentos, al centro del mar de periodistas, de las luces y los ojos de las cámaras que la enfocan, Karina se desprende del discurso memorizado y observa a su alrededor.

¿Se percata de la paradoja?

No cantando, pero sí recitando, ha llegado ahí donde se propuso: a la Gloria.

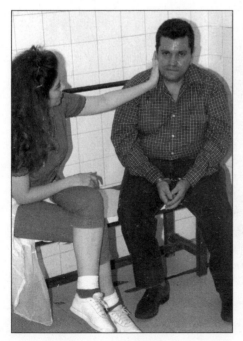

76

La captura de Gloria sucede 1 mes después de que Karina «aclara las cosas». El 13 de enero del año 2000.

En una entrevista en los separos carcelarios, Gloria, demacrada, embroncada, declara que ha sido maltratada.

La voz se le agosta al indignarse porque los separos no cuentan siquiera con 1 inodoro decente.

—Sólo hay 1 hoyo dentro de la celda.

Casi llorando, promete no quebrarse.

—Regresaré —dice.

De ahí se le traslada, con Mary y Sergio, a la Superintendencia Regional de la Policía Federal en Brasilia. Y el 28 de septiembre Gloria es trasladada a la Hacienda del Complejo Penitenciario Papuda.

Un sótano todavía más hondo del inframundo.

77

Preso el Señor de las Llaves, encerrado y aislado, se desespera y se vuelve errático. Distribuye las llaves del reino entre las chavitas: envía a las 3 hermanas De la Cuesta a México, con instrucciones precisas de cómo «aclarar las cosas», y como directoras de Conexiones Americanas, a vender propiedades y hacerse de dinero en efectivo.

Llegan a México con niños pequeños en los brazos.

Las chicas sonríen a las cámaras mostrando a los bebés. Se niegan a hacer declaraciones, pero sus fotos salen en las 1.ªs planas de Latinoamérica.

bit.ly/Gloria_ReuniónExAmantes

Pero un par de meses después, y reanudando la competencia intrafamiliar, Karina recupera el centro de los reflectores. Denuncia por fin a Sergio.

En una declaración ministerial de 8 horas, narra cómo Sergio la sedujo cuando ella tenía 12 años y denuncia también con detalles escabrosos los castigos físicos y psicológicos a los que la sometió a ella y a las otras niñas.

En las fotos del momento se ve a Karina a la salida del ministerio subiendo a una camioneta de lujo y por la ventanilla volviéndose a la prensa para entregarle su rostro maquillado, estupendamente hermoso.

La denuncia de Karina es la prueba incontrovertible de que el Ogro ha perdido el control. De que desde atrás de las rejas carcelarias no puede ejercer algún castigo. Los cuartos por donde ahora las jóvenes caminan ya nadie puede cerrarlos con llave. Pueden decir y hacer cuanto deseen sin llevar una custodia al lado que informe a Sergio.

Así que a continuación las otras muchachas del harem denuncian a Sergio.

Y a continuación, otras jóvenes más, que nadie sabía que pertenecieron al harem, denuncian.

Fotos. Más fotos.

Más hojas de periódico. Más menciones en noticiarios y programas de la farándula.

El caso Trevi-Andrade es ya un subsector de la industria del entretenimiento.

78

En constraste, Sergio vive una agonía. La media mentira de un cáncer que argumentó para que Gloria abandonara los escenarios le ha encarnado en una verdad que lo inmoviliza. El síndrome de Guillain-Barré.

Me dirá Gloria:

—Era muy penoso verlo. Tuvo un momento en que casi se arrastraba y andaba con una andadera. Luego ya no pudo más andar con andadera y tuvieron que llevarlo cargando.

Otra vez Gloria:

—Y cada vez que una de sus fieles enamoradas lo traicionaba, yo lo veía llorar y golpear las paredes.

—Y lo fueron traicionando todas.

—Una tras otra.

Katia y Karla, directoras de Conexiones Americanas, esfuman los dineros y las propiedades de la tribu.

—¿Ellas se quedan con la fortuna?

—Se quedan con un terreno y venden las otras propiedades. Parte del dinero se lo dieron a los abogados. Pero yo creo que [más bien] se lo repartieron, entre los abogados y ellas.

Sólo Gloria y María Raquenel le son todavía leales a Sergio y obedecen sus órdenes, por absurdas que parezcan. Sergio les prohíbe otra vez separar sus casos del suyo y volver a México, como les aconsejan sus abogados.

79

En julio de ese mismo año 2000 Sergio declara a una televisora española que ha tenido una hija también con Gloria, y que la niña murió en un accidente.

Un acceso de sinceridad o tal vez un intento de prevenir

una acusación todavía más grave que la de corrupción de menores. La de homicidio imprudencial.

Y la diligente Karina aprovecha en México la revelación para promover la inminente salida de su libro. Anuncia que ella conoce el destino del cuerpo de Ana Dalai. No va a revelarlo, pero quien quiera conocerlo debe comprar su libro, donde lo contará.

Gloria le llama de la cárcel de Brasil para decirle:

—Mercenaria. Sí, se lo dije, por estar utilizando la memoria [de mi hija], de algo tan puro. [Le dije] que ella sabía lo que me había dolido su muerte, había escuchado mis aullidos. Pero a ella qué le iba a importar, si a ella como madre no le importó su hijo.

80

Cámaras de televisión en la cañada embasurada.

Liliana, la joven por quien Gloria siente una especial simpatía, su amiga, su confidente, lleva a Laura Suárez y las cámaras de TV Azteca a la zona de Recreiro, en los márgenes de Río de Janeiro, al sitio donde dejó el cuerpo de la hija de Gloria.

Lo dicho: un basurero en una cañada, bajo un puente vehicular.

Hay sin duda caminos más desdichados que otros para llegar a la pantalla de la Fama: Liliana narra y muestra cómo una noche, la del 14 de noviembre de 1999, acompañada de Sonia Ríos y Karla de la Cuesta, tiró a un canal sucio una bolsa verde, la pañalera donde se encontraba, envuelto en una bolsa de plástico, desnudo y posiblemente destazado, el pequeño cuerpo.

81

En la inauguración de la instalación de un artista alemán, en el Museo de Arte Contemporáneo, entre mamíferos erectos con vasos de *whisky* en las diestras y bocas incesantemente parlanchinas, se acerca a mí la publirrelacionista de Gloria.

Una mujer de pelo largo y con una chamarra de cuero larga. Me habla entre el vocerío y apenas logro entender lo que me pide:

—Un artículo para la revista *Gatopardo*.

—¿Sobre Gloria? —silabeo para que en el ruido me comprenda.

Ella acerca sus labios a mi oreja y me cuenta. Están en plena campaña de cambio radical de la imagen de Gloria.

Un cambio que ha iniciado gracias al publicista Pedro Torres, que ha grabado el video de su canción *Pruébamelo*, un video producido a todo lujo y en el que aparecen como extras los hijos de las familias más encumbradas del *jet set* mexicano.

—¿En serio? —pregunto.

Ni más ni menos hijos de magnates y expresidentes.

Y los *ratings* de *El show de los sueños* son espectaculares.

—Ah mira —digo yo.

—¿Viste el programa de VH1 *Behind the music* sobre Gloria?

bit.ly/Gloria_VH1

Aquel que Gloria me pidió que viera.

—Sí, lo vi —digo.

Un documental enrielado en la historia A, la del ascenso a la Fama: los conciertos, las actuaciones insolentes en escena, los discos de platino. Un documental que da a la historia B, la de la Infamia, la del harem, la de la cárcel, no más de 10 minutos distribuidos en menciones superficiales y dispersas.

—Además la revista *Quién* tal vez acepte colocar a Gloria en la portada en un futuro cercano —dice la publirrelacionista en mi oreja.

—¡Qué cosa! —me admiro.

Recuerdo a Gloria proponiéndoselo en Tampico.

Acerco mis labios a la oreja de la publirrelacionista.

—¿Gloria te contó de qué estamos hablando ella y yo?

—Claro —alcanzo a oírla.

Le digo que lo que yo pudiera escribir abordaría los años de la Gran Tragedia. ¿Es lo que conviene publicar ahora que Gloria está por ser nombrada figura del *jet set*?

—Escríbelo —me insiste la publirrelacionista—. Lo que nos importa es que tú lo publiques con tu nombre.

—Déjame pensarlo —digo yo.

82

Alberto Tavira, por entonces reportero estrella de la revista *Quién*, me contará que la decisión de poner o no en la portada a Gloria no sucedió sin análisis. Se discutió en una junta de editores si *Quién* no cambiaba sus criterios al hacerlo.

Las editoras originales de la revista, ellas mismas hijas de familias de alcurnia, estaban en contra, mientras una nueva ola de reporteros, venidos de la clase media y con diplomas profesionales de periodismo, juzgaban que el *comeback* de Gloria, su retorno y ascenso a la Fama, tenía un atractivo irrenunciable.

La pieza central del debate fue el video de la canción *Pruébamelo*, producido por Pedro Torres.

Se fue listando a las figuras del *jet set* que ahí aparecían. Lo antes dicho, descendientes de presidentes y gobernadores, amén de parientes de narcotraficantes y actrices famosas.

Si ellos habían acogido en su seno a Gloria, ¿quién era *Quién* para excluirla?

Crisis de identidad en *Quién*. O bien *Quién* había dejado de entender quién era gente bien o la gente bien ya no era tan buena.

bit.ly/Gloria_Pruébamelo

X

83

A medianoche llego a mi estudio. La misántropa mulata de ojos verdes está en la cocina sirviéndose 1 café. Un cigarro colgando de un labio, los tenis morados sin agujetas.

Me sirve otro a mí.

Le cuento que sin saberlo estoy incluida en la campaña de cambio de imagen de Gloria.

—No vuelvas a escribir un guión sobre alguien vivo —me aconseja—. Escribe de gente muerta, es la más fiable. O la gente imaginaria, esa es la más decente.

—O me busco trabajo en el *¡Hola!*

—O en un Kentucky Fried Chicken, amiga.

Me lo dice directo:

—Creo que te tendieron una trampa, Berman.

Le digo que no lo creo:

—Gloria tiene motivos legítimos para contarme su historia.

—Ja ja —dice la mulata insidiosa—. El día en que Gloria salga en la portada de *Quién,* Gloria ya no estará interesada en que tú ni nadie aclare nada de su pasado. La Fama es una luz intensa que borra toda mácula.

—Ven —le digo.

La llevo a la salita del estudio.

—Quiero que oigas esto.

84

Para ahora no sólo las 4 paredes de la salita están recorridas por una sucesión de hojas, o grupos de hojas, enchinchadas, también aparecen en muchas hojas *post-its* amarillos.

Cada *post-it* es un lugar donde se revienta la historia. Con su letra minúscula, Claudia ha escrito lo que queda en duda o es contradictorio.

Nos sentamos ante la mesa de mármol blanco la mulata misántropa y yo, colocamos los tarros de café en el mármol y yo coloco la grabadora al centro.

Recorro la cinta hasta casi su final.

Clic.

Enciendo la grabadora.

Suena la voz de Gloria:

—Te digo qué sí espero de esta película, Sabina. Que dé mucha luz y mucha claridad a lo que realmente pasó, porque hay gente que dice «Hay cosas que no quedaron claras». Y es que lo que pasa es que hubo muchas versiones.

Me lo escucho decir:

—Como para enloquecer.

—Así es —dice Gloria en la grabación—. Como para enloquecer. Así que si tú, ya con imparcialidad y coherencia, te das cuenta de las contradicciones tan grandes, y logras hacer una historia clara y que se narre con imágenes… Porque lo visual para la gente se vuelve realidad. Mucho más que cualquier discurso. Una imagen sí vale más que mil palabras. ¿Y sabes qué, Sabina?

—Dime, Gloria.

—Yo sí creo en la justicia divina y no pretendo ser cruel como fueron conmigo, pero sí me encantaría que [lo que resultara] fuera lo más apegado a la verdad.

Clic.

La cinta se corta.

85

—Esto no es de cuando conocí a Gloria —aclaro—. Es de nuestro último encuentro.

Claudia me dice:

—Pues entonces enfréntala con las contradicciones.

Las contradicciones internas de su relato y las contradicciones de su relato con las narraciones del *EXPEDIENTE*.

—¿Cuándo ves a Gloria? —pregunta Claudia.

—Mañana en la noche.

Claudia se pone en pie. Va desenchinchando de la pared fajos de hojas tamaño oficio.

Coloca un altero de unas 500 hojas tamaño oficio ante mí, repletas de *post-its* amarillos.

—No leas sólo lo circulado. Léelo todo. La noche es joven y todavía fresca.

Se irá volviendo densa y pesada.

86

«Me atrapó la mente.» «Sergio me atrapó la mente.» «Yo ya no tenía voluntad.» «Me dejaba sin comer días enteros.» «Me golpeaba con un cable.» «Se apoderó de nuestra mente y criterio. Actuábamos solamente por instinto y temor.»

Lo 1.º que llama la atención de las declaraciones de las niñas del harem es la coherencia entre sus relatos. Incluso el uso de las mismas palabras e ideas.

No es casual, dada la convivencia estrecha, de cierto incestuosa, que tuvieron durante años. La obligación de ser custodias unas de las otras. El aislamiento de otras jóvenes y de su propia familia. El haber compartido al mismo amante. Y dado que fueron, cada una, sometidas al mismo método de la captura de sus voluntades.

… en el recuento de los daños
lo material todo lo perdí,
perdí mi casa y mis amigas,
todo lo mío te lo di.

De *El recuento de los daños*, la canción de Gloria Trevi.

… entre los desaparecidos:
mi resistencia y mi voluntad,
y hay algo mutilado que he pensado
que tal vez era mi dignidad…

¿Qué es una cultura? Las formas con que una sociedad enfrenta la vida y la muerte.

¿Y qué es la cultura de un clan? Las formas en que un grupo minúsculo de individuos enfrentan la vida y la muerte, rompiendo las leyes de su sociedad original.

Sergio Andrade declaró en una revista que no le importaba mucho la moral.

—La moral viene de la costumbre —explicó.

Sergio fue un experto en trastornar las costumbres establecidas. De ahí su éxito como promotor de Gloria. Cada transgresión de lo ya visto, lo ya escuchado, lo consabido, sacudió a la sociedad y fue un éxito de Sergio como manager.

La irrupción de la greña de Gloria y su estilo anárquico. La publicación de los calendarios con jóvenes desnudas. La sinceridad femenina en las canciones de amor. No menor: el control de Sergio sobre las televisoras, antes de la sumisión a ellas.

Pero la moral tiene otra acepción, anterior a la que la describe como lo que se acostumbra. En su 1.ª y radical acepción, la moral significa la distinción del bien y el mal, y cuando uno se aleja de la moral establecida en las costumbres, corre el riesgo de descubrirse de pronto perdido en un territorio salvaje.

Un terreno bárbaro donde uno no encuentra modelos de conducta y donde el mal, entendido en su acepción radical como lo destructor, no se topa con impedimentos para arrollar a la misma vida.

Lo supongo, este fue el caso de Sergio y su tribu.

Al romper varias leyes morales de nuestra sociedad para establecer otras (la poligamia, la pederastia), Sergio fue quedándose sin modelos morales, y en cierto momento se despeñó en conductas claramente destructoras, 1.º de la dignidad humana, luego de la vida misma.

87

«Me encerró 30 días.» «Si no me acostaba con él, golpeaba a mis hermanas.» «Como lo rechacé, me guardaron en el cuarto que llamaban el cuarto del pescador.» «… trabajaba cargando lodo de una parte del jardín a otra parte del jardín.» «Pedíamos limosna.» «Éramos objeto de tanta crueldad física y mental…»

(Omito los nombres de estas jóvenes. No veo para qué exhibir, otra vez, la indignidad que vivieron.)

88

La salida del libro de Aline, según estos relatos de las niñas, y contradiciendo lo narrado por Gloria a mí, sí fue un parteaguas en el harem.

«Sergio se puso muy nervioso.» «Decidió salir [del país] para evitar problemas legales.» «Nos envió a casa de nuestros papás para advertirles que venía un escándalo y no hicieran caso.»

«…nos mandó a romper todas las cartas de todas las muchachas que comprometieran a Sergio y que revelaran que efectivamente había golpes, castigos, etc., y [a destruir] además todas las hojas de las muchachas que se encontraban en distintas casas como en Playa Blanca… en Zihuatanejo…» «Yo tenía que revisar todas las casas para que no hubiera documento que los comprometiera.»

Y a diferencia de lo que Gloria me narró, según estos testimonios ella sí estuvo al tanto del peligro que se avecinaba y participó en controlar su daño.

«…Gloria nos pedía [los documentos] para quemarlos en alguna carretera…» «… me acompañaban Gloria o Sonia… y en todas las casas encontramos documentos.» «En todas las casas encontramos… las cartas [que] eran lo mismo, parecían una copia, porque era la manera en que Sergio nos exigía que le escribiéramos, no podíamos escribir lo que queríamos. Siempre teníamos que empezar "Sergio quisiera hablar contigo y arreglar los problemas, con golpes o como tú digas".»

Y en el exilio, lejos ya de cualquier mirada conocida, aislados en pequeños cuartos, la tribu perdió los restos de lo benéfico que podía albergar.

«Sergio en el exilio se fue volviendo más irracional.»

«Desaparecieron las clases de música.» «A mí ya no me enseñó nada. Nada más trabajaba en lo que él decía, sin que me pagara ni nada.»

Igual que la música, desapareció el revestimiento romántico del sexo.

«Me forzó a tener sexo con él.» «Me violó.»

«Si decía "Vete a bañar", quería decir que te bañaras y él te esperaba en su cuarto ya en calzoncillos.»

«Golpeaba a mi hermana y susurraba, porque estábamos en un hotel, que yo era una prostituta y que no iba a dejar de golpear a mi hermana y por lo tanto le dije que ya no me iba a ir. Me dijo entonces que se lo escribiera y se lo escribí pero no firmé te amo, ni esas cosas [que él exigía], y me dijo que hasta que no firmara que yo lo amaba no se iba a acabar lo que estaba pasando.»

«Decía que los bebés varones no debían vernos desnudas, se ponía celoso.» «Decía que nuestras hijas iban a ser sus novias cuando crecieran.»

Por fin, la sima de la historia de la Infamia, la historia B: un pequeño ser humano, la hija de Gloria y Sergio, Ana Dalai, tratado como desperdicio.

«[Sergio] Me dijo "No te preocupes, ya Mary se encargó de quitarle las huellas a la niña".» «"La avientas rápido, total, ahí el agua corre y se va rápido. Si tienes opción de enterrarla, pues entiérrala, y si no, la tiras. Como ahí te quede más cómodo. Tú eliges".»

«Ya eran como las 11 de la noche. No podía pensar en lo que yo quería hacer, sino en lo que él me había dicho. Lo tenía que hacer o me vendría un castigo muy grande.»

«Luego trató de que Gloria se sintiera responsable de la muerte. Que si le había puesto una cobija encima o no...»

«En un momento en el camión alguien se ofreció a cargar la bolsa deportiva verde, lo que agudizó el nerviosismo de la chica, que se negó.» «La tiré en el río. Eran mis órdenes.»

Soy una libertaria. Creo en el derecho de cada persona a vivir como desee y fuera de la mirada del ojo vigilante del Estado, mientras no dañe a sus prójimos. Por eso sí creo que la pederastia debe considerarse un crimen. Sobre todo lo creo luego de conocer las simas de esta historia.

La relación íntima entre un hombre adulto y una niña, o de cualquier adulto y cualquier niñ@, no es atroz por el contacto de los cuerpos desnudos, lo es por la inescapable ocurrencia de otra experiencia: la posesión de la conciencia moral del menor.

«No podía ya pensar nada por mí misma.» «Salirme de la manipulación y del miedo que le he tenido a Sergio, ha sido un proceso difícil y largo...» «Te meten ideas y ya no sabes qué es lo bueno y lo malo. Crees que todo mundo es tu enemigo y ya no sabes ni cómo decir la verdad...»

Palabras de Gloria en *Con los ojos cerrados*:

Le creo que la luna es de queso
y si él me diera otro beso
qué más da si me miente, yo le creo,
con los ojos cerrados
[...]
Con los ojos cerrados yo confío en él,
con los ojos cerrados yo le quiero creer,
le voy a creer.

«Todavía ahora, a veces hago algo, por ejemplo colocar una cosa en una mesa, y de pronto me aterro, creo que está ahí detrás de mí y va a castigarme porque puse la cosa en un lugar y no en otro, y que va a sacar una pistola y matarme.»

XI

89

Acudo a la zona más nueva y lujosa de la Ciudad de México. Santa Fe. Avenidas en ascenso por una ladera flanqueadas por rascacielos de cristal, iluminados a esa hora de la noche.

Ante el hotel de lujo espera un centenar de fans de la Trevi. Jovencitos en chamarras y tenis. Llevan horas ahí y están sentados en el borde de la acera o tumbados en el pasto, durmiendo. Sus pancartas también descansan, en el piso.

Con mi libretota de pastas negras asomando de mi portafolios, pregunto en el mostrador de la recepción por la señora Trevi.

—Su identificación, por favor.

Muestro mi licencia de manejar.

—La espera en el restaurante.

Entre las mesas vacías del restaurante se acerca Armando, el esposo de Gloria.

Nos saludamos de mano y me informa que ella se encuentra del otro lado de un biombo, que él me señala.

—La gente no la deja en paz —me explica, acompañándome hacia el biombo.

Alguien quiere una foto con ella, otro un autógrafo, otro un consejo: cada cual quiere un pedazo de ella, o varios si se puede.

Tras el biombo, a una mesa en la esquina, Gloria está sentada de espaldas.

Inmóvil y muy recta.

El pelo recogido en la nuca.

Al sentarme a su lado le murmuro que la Fama es un asunto truculento.

—¿Por qué?

—La gente la busca toda una vida y cuando la alcanza debe esconderse bajo unos lentes oscuros. O un biombo.

Sonríe con cansancio. Ha estado grabando *El show de los sueños* esa tarde.

Toma el clip del micrófono y se lo coloca a sí misma en el borde de la ropa.

—¿Vamos a seguir de donde nos quedamos?

—Es la idea. Completar toda la historia. Y después, quisiera que me regales una sesión de precisiones.

—¿Precisiones?

—Son dudas que tengo. Contradicciones que encuentro en tu narración.

—Claro —dice—. Las aclaramos después.

Clic.

Enciendo la grabadora.

90

—¿Cómo te enteras de dónde quedó el cuerpo de tu hija?

Gloria frunce el ceño.

—Mis abogados me traen a la cárcel el reportaje con fotos.

Un reportaje en un periódico barato. Algo así como un *Alarma!*

—Ves las imágenes...

—Las veo.

—El basural. El riachuelo sucio. A Liliana mostrando una bolsa deportiva, que dice es semejante a la pañalera donde el cuerpo estaba guardado y que ella abandonó en el agua.

Gloria se abisma en el recuerdo.

—La muerte de mi hija —empieza—, yo realmente creí, y tengo que creerlo aún ahora, que fue un accidente. Pero ver eso...

No encuentra las palabras.

Lo reintenta:

—Eso fue...

—Eso fue el fondo del dolor —digo yo.

—El fondo del fondo.

En la celda de Brasil, Gloria grita.

—Como si me estuvieran abriendo [en canal].

Según una versión, se hace daño a sí misma. Se araña el rostro, hasta quedar empapada de sangre.

—Y cuando salí de la celda fui con este, este, este señor, y le hablé como nunca le había hablado. Le aventé el periódico, y le dije «Dime qué es esto». Me dijo «No sé».

Gloria sigue:

—Yo siempre creí que [él] podía lastimarme, que podía ofenderme, que podía domarme, como me domó, pero que en el momento más difícil de nuestras vidas él iba a ser fuerte. Y fue un cobarde, con la persona que supuestamente más amaba, nuestra hija.

Dice también:

—Él, que decía odiar tanto las mentiras, me había mentido.

91

Siguen los días más aciagos, los más desesperados.

Días en que Gloria deambula como una muerta y prefiere estar tumbada en el camastro de la celda.

Según el relato que Gloria le hace a Christian y yo transcribiré sin cambio en el guión de la película, esto es lo que sucede a continuación.

En el largo baño común de la prisión, Gloria bajo la regadera de agua caliente, observa el rastrillo que le han dado para rasurarse las piernas y los sobacos, y le desprende la cabeza con 1 navaja.

Guarda esa cabeza con 1 navaja bajo su sobaco.

Cuando a la salida del baño debe tirar en una cubeta el rastrillo desechable, sólo tira el mango.

En el camastro de la celda, vuelta contra la pared, rasca la cabeza de plástico para desprender la hoja de acero: la navaja minúscula.

Con esa navaja se corta las venas de la muñeca.

La sangre gotea al piso sin ruido.

En el guión de la película apunto:

No debe estar esto ambientado con música. Ni triste ni trágica. No hay música posible. Silencio hasta casi el final de la historia.

92

—Gloria, ¿en la cárcel compusiste?

—Nada.

—¿Tocabas algún instrumento?

—Nada.

Clic.

Apago la grabadora.

Estamos en silencio.

Murmuro que voy a ir a ordenar 2 cafés.

Con voz muy suave ella dice:

—Yo no, gracias.

93

Clic.

Reenciendo la grabadora.

—Ahora háblame de cómo siempre no te moriste.

Gloria asiente, seria. Yo tomo un sorbo de café.

—Empecemos por el momento en que te sueltas de Sergio. ¿Es a raíz de las fotos de tu hija que te sueltas de su dominio?

Gloria niega con la cabeza.

—No. Ahí [apenas] lo empecé a odiar.

94

El momento en que se desata por fin de la relación es unas semanas más tarde del intento de suicidio.

—Me hacen exámenes [en la enfermería de la cárcel] y ven que estoy embarazada.

Suelto la risa:

—Qué sorpresa.

Se registra un doble latido en el cuerpo de Gloria.

No está ya sola. Está de continuo con otra persona. Una persona que su sangre arrulla con su rumor al correr. Una persona que depende totalmente de ella.

—Todo cambia a partir de mi embarazo —dice Gloria.

Narra:

—Me cambian entonces de cárcel. Y luego me llevan al hospital y no lo vuelvo a ver a él. O sí, espera, una vez más lo veo.

—¿Dónde?

—En el pasillo por donde estaba yo saliendo [de la cárcel]. «Que te vaya bien», me dijo él casi llorando, yo [lloraba] también, era un 25 de diciembre.

—¿No te dijo algo más? ¿No te dijo «Nunca volverás a hacer música sin mí»?

—No, él sabía que yo componía desde antes de conocerlo. Yo salgo [de la cárcel] y me despido de él desde afuera. Ya lo había perdonado, pero ya no lo amaba.

—¿Por qué te llevan al hospital?

—Porque yo no había tenido ningún tipo de cuidado ni de revisión en la cárcel.

—¿Y de ahí…?

—Me mandan a una cárcel especial a mí con el bebé. Una cárcel especial donde están los que tienen estudios universitarios. En esas cárceles especiales la familia les puede llevar comida todos los días, eso es lo que tienen de especial.

—Y luego hay quien cree que no vale la pena estudiar —bromeo.

—Ahí toda mi dedicación era para el niño que estaba esperando. Mi mamá me llevaba comida todos los días. Después, ya nos llevaba comida para hacerle papillas al niño.

—¿Qué te decide a separar por fin tu caso del de Sergio Andrade?

—Me daba mucho miedo [regresar a México], pero mi mamá ya no podía estar más tiempo en Brasil, se había terminado su visa y no la podía revisar hasta dentro de seis meses o un año, y me dio miedo que me quitaran al niño mientras mi mamá no estaba. Me imaginé que me podían desaparecer a mi hijo, en un orfanato o algo así, y no podría avisarle a nadie [que estuviera acá y reaccionara]. Fue cuando dije ya, me regreso para México.

—Por tu hijo.

—Por mi hijo. Te digo algo. Mi hijo me ha llevado a hacer las mejores cosas en mi vida.

Lo dirá en otro tramo más claro:

—Mi hijo me salvó la vida.

Por lo pronto, lo dicho: su hijo la hace volver a México, donde es llevada al Cereso de Chihuahua, desde donde luchará por probar su inocencia.

95

—Yo quería sacar a mi hijo de la cárcel, el niño estaba creciendo y dije ya, se acabó, no puedo más. Fui y hablé con el juez. Fue la única vez que me puse de pechito, le dije «Señor juez, ¿qué quiere que diga? Si quiere que diga que soy culpable, lo digo».

—¿Y qué respondió?

—Se me quedó viendo el juez, y dijo «Mire señora, si usted es culpable, se va a quedar; si es inocente, se va a ir». Sentí un gran alivio, y lo primero fue decir «Gracias Dios mío», pero luego dije «¿Pero qué tal si para su criterio soy culpable? ¿Cuál será su criterio?». El [juez respondió] «No le puedo decir».

Gloria me habla de las complicaciones legales. Es un enredo que yo no comprendo.

Me dice que debo consultar a su abogado.

Pero le digo que no. La película debe durar no más de 2 horas y hay que seleccionar qué debe contar.

—El asunto de la cárcel y de los juicios no quisiera que fuera el que predominara —le digo—. Debe estar ahí pero no debe predominar.

Vale la pena sin embargo un último dato que me da Gloria sobre el lío legal.

—Una persona del juzgado me dijo «Yo no podría ni le debería decir esto, pero renuncie a sus pruebas de inocencia, porque le va a tomar tres años desahogarlas». En mi celda pensé «Si yo renuncio a mis pruebas de inocencia, ¿cómo me voy a defender?» Entonces yo dije «Dios mío, me encomiendo en tus manos». Y al día siguiente fui a renunciar a mis pruebas de inocencia. Dije «Quiero que me juzguen lo más rápido posible, con la acusación nada más».

—¿Así fue que te juzgaron?

—Y así me absolvieron.

96

Gloria sale de la cárcel en un vestido blanco calcado del que Marilyn Monroe inmortalizó en la película *La comezón del séptimo año*.

La deslumbran los *flashes* de las cámaras.

Su *tour* triunfal de medios empieza con la entrevista, por

un enlace satelital, con el conductor del noticiario más visto de Latinoamérica, Joaquín López Dóriga.

Gloria bromea, lo llama familiarmente:

—*Teacher*.

Pero el *Teacher* no afloja el gesto adusto. Uno observa la incomodidad de Gloria ante ese gesto severo que desdice la solidaridad del *Teacher* con ella. Acaso desdice la solidaridad del resto de la sociedad.

Siguen entrevistas más amables con José Origel del programa *La Oreja* y con Adela Micha. Todos programas de Televisa, que hace valer su contrato de exclusividad con la diva liberada.

Como en un partido de futbol de la selección nacional, el país se detiene a mirar. Y lo antedicho: no todos desean el triunfo de Gloria.

97

—Gloria, vamos ahora a las precisiones.

—Vamos —dice Gloria.

Abro mi libretota negra. La hoja está llena de *post-its* amarillos escritos con la letra minúscula de Claudia. Serán unos 26.

Gloria los observa y me pide:

—¿Podemos hacerlo mañana? Me dejó agotada lo que hoy hablamos.

98

La mulata malvada me dice, sus ojos verdes achicados, como los de un gato:

—No te va a aclarar nada. Va a ingeniárselas para nunca aclararte mis *post-its*.

XII

99

Al día siguiente visito a Gloria en casa de su maquillista. Una casa en una zona boscosa, en las laderas del sur de la ciudad. Si mal no recuerdo, el maquillista es cubano, alto, grande, apiño-nada la piel, guapo, y vive con su pareja varón. Me invitan a la mesa donde platican y beben vino blanco con Gloria.

Hablan ellos animadamente, pero ni Gloria ni yo:

—Bla bla bla bla.

No recuerdo ahora ya de qué.

—Bla ble bli blo blu. Ja ja ja.

Hasta que le pido a Gloria la última entrevista a solas.

—La sesión de precisiones —le recuerdo.

El maquillista ofrece retocarnos el maquillaje. Pero no tiene caso, no hay cámaras, será una entrevista con sólo el audio gra-bado, como las anteriores.

100

Clic.

Enciendo la grabadora.

La libretota de tapas negras abierta en 2 hojas repletas de *post-its* amarillos.

165

—Gloria, ¿quién es el padre de tu 2.º hijo?

—No importa.

Me sorprende el cortón de Gloria:

—¿Cómo que no importa?

Gloria me narra las relaciones entre hombres y mujeres en la cárcel. Eran 6 celdas de hombres, 1 de mujeres. Convivían cada día durante 2 horas de sol, pero vigilados por policías y cámaras.

Me habla luego de las relaciones que ella estableció y con quiénes, y me doy cuenta de que me está alejando del tema.

Así que la interrumpo:

—Gloria, con todo respeto, la pregunta es muy directa: ¿de quién es hijo Ángel Gabriel?

—No importa —repite.

—¿Cómo cuento tu embarazo sin precisar quién es el padre?

—¿La verdad?, no me importa.

—¿De plano?

Asiente.

Pregunto:

—¿Tú sabes quién es el padre?

—Yo sé, claro.

—¿Y por qué no lo quieres decir?

—Porque no me interesa darle derechos ni a él ni a Mora [el director de la prisión], ni a cualquier policía, ni a otro preso ni a nadie [sobre mi hijo]. Y además quiero que mi hijo pueda ver esta película. Mi hijo sabe que estuvimos en la cárcel pero sólo si él alguna vez me pregunta quién es su padre se lo voy a decir a él.

Con un ademán me pide que apague la grabadora.

Clic: lo hago.

Hablamos algo que no voy a escribir acá. Es un pacto que llamaré Razones Superiores de la Maternidad.

Básteme decir que a nadie afecta y sí beneficia a un niño que nada debe a nadie.

Quito 1 *post-it* de la hoja repleta de 25 *post-its*.

Clic.

Reenciendo la grabadora.

Gloria va aclarándome sucesos y yo quitando *post-its*. Aclaraciones que van contenidas en el relato de las 1.ªs entrevistas contenidas en las hojas de este libro.

Cuando quedan 10 *post-its* por aclarar, le pido:

—Háblame ahora de los embarazos, Gloria. ¿A quiénes embarazó Sergio?

Gloria toma aire y dice de corrido:

—A Sonia, Karla, Carola. También a Karina y a Wendy. Hasta donde tengo entendido, o supongo.

—El embarazo de Sonia es años antes, ¿cierto?

—Antes, sí.

—Pero las otras niñas quedan al mismo tiempo embarazadas. Parecería ser que Sergio decide que es tiempo de reproducirse. «Ale, todas a tener mis hijos.»

Gloria dice:

—Yo no sabía exactamente si estaban embarazadas de Sergio.

—A eso quería llegar —digo yo—. Me has dicho que no sabías con claridad qué sucedía en la vida del harem, pero cuando ya las niñas están embarazadas, ¿cómo es posible que no lo supieras?

—Yo tampoco lo preguntaba directamente. O sea, era...

Acá Gloria se enreda. Me habla de que tal embarazo de tal muchacha pudo haber ocurrido con tal o tal joven externo a la tribu. O que tal bebé resultó güero cuando la madre y Sergio no eran rubios.

Pienso: pero me ha narrado con detalle la relación de Sergio y Karina embarazada. Él reclamándole que quiera abortar, ella yendo por fin a abortar en Texas, ella regresando embarazada, Karina abandonando a su hijo en España.

Empiezo:

—Debiste al menos saber que/

Gloria me interrumpe:

—Te digo que no preguntaba directamente.

—Además hablo del periodo en que ya te retiraste y conviviste diario con esos niños y las madres.

—Te lo repito. No preguntaba directamente. Además…

Gloria dice algo que me parece no embonar con lo que hablamos:

—Todo era como una competencia.

Es decir, creo entender: los embarazos fueron parte de una competencia entre las mujeres del Rey Midas, el Señor de las Llaves.

—Gloria, a lo que voy es que…

Cierro las tapas de la libretota y los 10 *post-its* desaparecen.

—…que me parece imposible contar esta historia en una película mostrando que tú nada sabías de la vida en el harem.

Nos quedamos en silencio.

Se oyen las risas en el comedor contiguo.

Pienso: sabía tal vez no el 100% de la política sexual del harem, pero tal vez sí el 50%, y de seguro sí el 25%.

Imposible que no supiera cuando vivían en espacios pequeños y los maltratos a las niñas se volvieron aparatosos.

Y también sobre su cooperación con Sergio para el abuso, me parece difícil creer que no existió.

Tal vez era una cooperación sólo verbal y no más activa. Tal vez se redujo, como varias niñas narran en el *EXPEDIENTE*, a pláticas en que Gloria le hablaba a una recién llegada de las maravillas del jeque, de sus virtudes y poderes, la animaba a entregarle su virginidad, o la consolaba porque su turno de Reina, de predilecta, había pasado.

Tal vez era una complicidad renuente y hasta irritada. Pero me es difícil imaginar cómo no existió.

De pronto el guapo maquillista cubano corta el silencio al entrar a la sala con 2 copas aflautadas.

—Les traje champaña —sonríe—. ¿Todo está bien? —pregunta.

Puedo imaginarnos a las 2 con jetas de «todo está mal».

Ninguna le contesta al cubano, pero le tomamos cada cual 1 copa, y él se retira con discreción.

Coloco mi copa en una mesita baja y oigo decir a Gloria:

—Es así. Te encierras en una forma de vida y te parece todo dentro normal. Natural.

No voy a interrumpirla, me ha respondido, creo, la 1.ª pregunta que abarca la mitad de los *post-its* —su conocimiento del estupro—, y tal vez aborde la 2.ª pregunta en que se resume la otra mitad —¿cooperó en «la adicción de Sergio»—?

Pero Gloria, dándome el perfil, calla.

Digo:

—A ti te acusan de encubrimiento y complicidad en el abuso de varias niñas.

—No —alza la voz Gloria—. A mí no me acusan de complicidad, me acusaban de yo haber corrompido, de yo personalmente haber violado, de yo haber personalmente raptado.

—Lo tengo que checar.

Digo eso aunque sé que lo que ha pasado es un malentendido. Yo hablo de que varias niñas del harem la acusan de complicidad y ella responde que la acusación oficial es otra.

—Bueno —concilia Gloria—, es irrelevante.

¿Es irelevante?: me lo pregunto.

Se oyen de nuevo las risas en el comedor contiguo.

Tintineos de copas.

—Mira —dice Gloria, todavía mirando a la pared—, no, no es tan irrelevante porque era una de las aberraciones jurídicas de mi caso. Según lo que dice la figura de violación, violación es introducir el miembro viril en la vagina por la fuerza o por medio de no sé qué madres, y evidentemente yo no tengo ningún miembro viril. Si revisas el expediente del caso...

169

Hace una pausa en la que pienso: lo revisé ya, el expediente.

—Si lo revisas verás que…

Gloria avanza con cuidado: vuelve sobre lo que ayer dijo:

—…que yo [en el juicio] renuncié a mis pruebas de inocencia. Dije «Quiero que me juzguen lo más rápido posible, sin mis pruebas». Y me juzgaron así.

—Por los delitos de corrupción, rapto y violación.

—Por esos delitos. Y [resulta que] no hubo nada que probara —repite la frase—: *nada que probara* que yo era culpable.

Creo haber llegado al fondo.

Esa es la verdad legal y la que Sergio Andrade confirmó en sus declaraciones ante la Justicia de Chihuahua: Gloria Trevi, y por cierto también Mary Boquitas o Marlene Calderón, no corrompieron, raptaron o violaron a nadie.

«…nunca estuvieron presentes ni participaron en la labor de seducción o de enamoramiento que realicé…»

¿Fue Gloria cómplice de Andrade en los mismos delitos?

Así lo indican las declaraciones judiciales de las otras niñas del harem.

¿Supo cuanto sucedía en la tribu?

Así lo dejan ver, otra vez, las declaraciones de las otras niñas.

Pero la Justicia no se declaró sobre la complicidad o el encubrimiento posibles, porque no eran la materia del juicio a Gloria.

102

Es llegado a este fondo de la verdad que repienso mi plan para la película. Y concluyo que nada de lo que me ha contado Gloria o que he investigado altera el plan inicial.

La película tratará de cómo Gloria en su camino ascendente a la Fama (la historia A), fue capturada de golpe por la Historia de la Infamia (la historia B), que la retuvo 4 largos años en cárceles.

Hasta que un milagro de la biología la hizo renacer y reemerger a la libertad.

Pienso: la película terminará con Gloria cruzando el umbral de la cárcel, un cuadrángulo profusamente iluminado, para cortar a Gloria de 40 y tantos años haciendo lo que mejor sabe, cantar…

103

Por eso termino preguntándole a Gloria sobre su música.

—¿Cómo compones? ¿Haces notaciones en papel pautado?

Doy un sorbo a la copa de champaña.

—No, yo compongo *a capella*.

Ella adelanta su copa de champaña como para brindar conmigo. Un breve gesto de reconciliación.

—¿Y cómo recuerdas la composición?

—A veces la grabo —lo dice y da un sorbo a su champaña—. Pero la mayoría de las veces, si la canción es comercial, se me queda. Si no, no era tan comercial. Ahorita te puedo cantar canciones que todavía no he grabado y sin embargo me acuerdo de ellas porque son comerciales. Te canto una bien bonita.

Sin aviso la canta.

Para decirte lo que siento,
no necesito el alfabeto,
ni fábulas ni cantos,
no necesito ni de un verso
para estremecer tu cuerpo,
sólo tus ojos… y silencio.

Pasa 1 minuto de silencio.

Digo por fin:

—Gracias, Gloria.

Ella dice:

—Gracias a ti, Sabina.

104

Lo próximo que sé de Gloria es que me demanda.

—¿Qué diablos? —le digo a Christian.

—Es el artículo —me dice en inglés—. Lo que publicaste en *Gatopardo*.

Estamos en la sala de mi casa.

—No puede ser —sacudo la cabeza.

No hay nada en ese artículo que falsee la verdad o escandalice. El artículo es lo contrario, un abanico de geisha: cubre y descubre la historia de Gloria, para no revelar demasiado, para revelar apenas lo suficiente para que el lector quiera ver la película que preparamos.

—Mierda, la comparo con Jim Morrison, con Janis Joplin. Más bien que me acuse de idealizarla.

—Es una poeta maldita del rock como ellos, eso escribes —me recuerda Christian.

—Por supuesto: es una entre esos músicos de historias torturadas.

—Parece que ella no se ve así —me asombra el güero—. Vamos a Los Ángeles para contestar la demanda.

—Estoy ocupada —le digo yo.

Todo el asunto me parece increíble: ¿Gloria no se ve a sí misma con un pasado, digámoslo suave, tormentoso?

—Además —dice él—, no le gusta que hayas escrito que «ha pasado por indignidades».

—Ah caray.

—Armando dice que Gloria siempre ha sido digna.

—¿No ha abierto un diccionario en su vida? —me lo pregunto—. Bueno, hay que enseñarle la definición de «indignidades» en un diccionario y ya está. No creo que algún abogado descarte que 4 años de cárcel es una indignidad.

—Además —sigue el güero apanicado—, ahora Gloria dice que le vendió los derechos de su vida a otra persona.

—¿Se los pagaste, Christian?

—Se los estoy pagando a plazos, como está convenido en el contrato. Pero dice que fue antes de vendérmelos que los vendió.

—A mí me parece que vender 2 veces la misma cosa es 1 delito —digo yo.

—Llevo 7 años levantando la película —se queja Christian.

Así es, desde que leyendo *The New York Times* en una banca de Hollywood, se le vino a ocurrir que una tal Gloria Trevi tenía una historia con un arco dramático espectacular.

—Llevo trabajando en esto con mi sudor, mis lágrimas y mi sangre —el gigante suizo cita a Churchill.

Veo el tatuaje en su antebrazo:

Veni vidi vici.

—Además —dice Christian ya en tono épico— hay otra acusación contra tu artículo.

—¿Cuál?

—Que mientes al decir…

—¿Qué?

—Déjame recordarlo —me pide, sobándose las manos.

Pero no se acuerda de en qué más he difamado, supuestamente, a Gloria en el artículo de *Gatopardo*.

bit.ly/Gloria_Gatopardo

XIII

105

—¿El tapete verde? —pregunto azorada—. ¿En serio estás demandándonos por el tapete verde de estambre de tu suegra?

Estoy furiosa con Gloria.

Ella me da su perfil y calla.

Armando dice:

—Es que escribiste del tapete verde, que existe, sí, pero escribiste de él con dolo.

No puedo creerlo y aprieto mi puño.

—*Calm down, Sabina* —dice nuestro abogado—. *Please breathe and calm down.*

Pero yo exploto:

—¿Qué demonios quiere decir con dolo, Armando?

Christian se muerde la uña del dedo índice.

Y los 7 abogados observan. Casi se escucha el tic tac de sus cronómetros convertidores de segundos en dólares.

Y por el ventanal de la oficina se mira a una fila de empleados de limpieza en sus overoles azules, algunos con sus armas de trabajo, escobas, escurridores para limpiar cristales, cubetas de plástico rojas.

Están esperando a que Gloria se desocupe y les dé un autógrafo.

Oigo a Armando como desde otro planeta.

—Que lo escribiste para mostrar que mi familia es de clase media.

—Disculpa la curiosidad —replico—. ¿Y de qué clase te imaginas tú que es tu mamá, la dueña del tapete verde?

—Es un tapete verde marca Armani —presume Armando alzando la barbilla.

106

Salgo de la oficina y camino aprisa paralela a los empleados de limpieza que han formado una fila a lo largo de toda la larga estancia central de los despachos.

Latinoamericanos sin duda. Mexicanos la mayoría.

Entro a una sala donde Barrie, Christian y una coproductora se reúnen conmigo.

—*Let's take it easy* —dice el bueno de Barrie, cerrando la puerta de cristal.

Baja la persiana para cubrir la puerta.

Nos sentamos alrededor de la mesa ovalada.

Barrie quiere saber si podemos quitar el nombre de Gloria y la historia aún así funciona.

La nueva coproductora, una señora de 1 metro 50 de altura, (aunque eso con ambos brazos levantados), dice una sarta de tonteras:

—Bla ble bli blo.

Le digo a Barrie la verdad:

—No creo. Es una historia demasiado extraña. Además ese es tu público, el que viste afuera. Los fans de Gloria. O al menos tu público inicial.

Barrie habla despacio. Tranquilo.

—Gloria quiere leer el guión terminado. De eso se trata esta demanda.

—Va contra el contrato que lo corrija —le recuerda Christian.

La coproductora corrige:

—En realidad la demanda es para leer el guión y para que despidamos a Sabina.

—Así que es eso —digo yo, y entiendo el porqué del ataque sobre mi intención al escribir sobre el puto tapete verde. Se trata de probar que intento dañar a Gloria y despedirme.

—Gloria quiere que contratemos a un guionista mejor dispuesto que tú.

Barrie interviene:

—¿Qué sugieres entonces?

La coproductora de metro y medio da su opinión, aunque nadie se la ha pedido:

—Tenemos que doblarnos a todo lo que quiera Gloria. Si quiere un cómic, hacemos un cómic. Si quiere salir de Blanca Nieves, así que salga. Si quiere ser Superniña, le damos una capa voladora y poderes sobrehumanos.

Y siguen brotando de su mínimo cuerpo grandes ideas:

—Bla blo blu ble.

La interrumpo para decirle a Barrie:

—Está bien. Dáselo a leer. El guión. Nada le va a sorprender.

—¿Estás segura? —pregunta Barrie—. Quiero que tú estés segura de esto, porque nos jugamos todo en ello.

—Pues no lo sé —digo—. Sólo sé que no hay 1 sola escena que no esté verificada. Acaso inventé algunos puentes mínimos.

El siempre optimista Christian apoya la idea:

—Que lo lea, el guión. Eso despejará todo.

—¿Y si pide cambios? —pregunta Barrie.

Yo digo:

—Me dejan a mí considerar si los quiero hacer.

—Y si no quieres —opina la coproductora de baja estatura—, contratamos a otro guionista para que los haga. Según tu contrato lo podemos hacer.

Miro con fijeza a la pequeña coproductora, que se ha subido al proyecto hace 2 meses, y ella súbitamente disminuye otros 10 centímetros de estatura.

Barrie interrumpe su encogimiento:

—Ahora vamos a hablar con el supuesto 1.er dueño de los derechos.

Me pide que los espere en otro despacho.

107

Al entrar al otro despacho reconozco en una esquina a Sara Soto, que conocí hace tiempo en una suite de un hotel, y me presentó a su representada de entonces, Gloria Trevi.

—Pasa al lugar de las víctimas de Gloria —me saluda.

Es un salón dominado por una mesa ovalada y sillas giratorias enfundadas en piel negra.

Sara es muy amable, me prepara un café capuccino en la máquina del salón, mientras me cuenta de su propia desgracia con Gloria.

También está demandada. También por una serie de acusaciones que ella califica de mentiras. Piensa contrademandar. Dice tener contra Gloria munición de sobra. Secretos tremendos. Dice tener indicios sobre un incendio provocado para cobrar un seguro. Otras lindezas. Ya se verá de qué corazón salen más acres las acusaciones.

—Discúlpame —le pido, doy un sorbo al capuccino, y me voy.

Putas madres, pienso al abordar el automóvil que he rentado, viajar hasta Los Ángeles por un puto tapete verde.

En la playa recibo un mensaje de texto de Christian.

Tienes razón. El guión le va a encantar a Gloria.

108

Bueno, en los próximos días Gloria lee el guión y nos vuelve a demandar.

La coproductora verticalmente impedida opina que la solución es despedirme, contratar a otro guionista y darle a Gloria superpoderes.

Esta vez soy yo la que jalo a Christian para que viajemos a ver a Gloria a McAllen, donde ahora vive.

109

En McAllen, en el despacho del abogado de Gloria, Ray Thomas, nos sentamos a otra mesa ovalada y vacía, una mesa para 20. Tomo la cabecera. Abro el guión.

7 abogados encorbatados van llegando a sentarse.

Media hora tarde llegan Gloria y Armando.

Nos saludamos secamente.

Todos los presentes tenemos copias del guión. Los abrimos.

Ya que somos tantos y los abogados parecen no tener algo que hacer, excepto estar ahí, distribuyo los papeles.

—Usted es Sergio. Usted es Mary Boquitas. Usted es Aline. Usted es Paty Chapoy. Usted Ricardo Salinas y todos los demás hombres. Usted es Karina y todas las demás mujeres.

Me vuelvo a ver a Gloria, sentada a mi lado:

—Usted, señora, es Gloria Trevi.

El sobrentendido es que Gloria detendrá la lectura del guión cuando tenga objeciones.

El guión inicia con Gloria de 16 años en una sala llena de chavitas, mascando chicle y haciendo bombas, mientras espera que el Rey Midas de la música la reciba para una audición.

En cortes sucesivos entre la sala y el reloj de la pared vemos que pasan las horas, 12 en total, y la sala se vacía, para que Gloria, sola, cante *Gloria*, de su ídolo Jim Morrison.

Sigue con el recuento de la audición de Gloria ante Sergio.

Gloria se actúa bien a sí misma, por cierto.

Al final de la audición Sergio le pide a Gloria de 16 años que se desvista:

—Para ver cómo estás formada —dice en el guión.

—Eso no pasó —objeta Gloria de 40 y tantos años en la sala de abogados.

Le explico que es una forma de marcar rápido el tipo de dominación que Sergio establece con ella.

—Pero no quiero que mis hijos vean eso —dice Gloria—. Tengo que pensar que algún día ellos verán la película.

—Puesto que es un invento mío —digo yo—, lo tachamos. ¿Qué más objetas de las próximas 50 páginas?

Gloria dice:

—Sólo leí hasta acá.

—¿Hasta la página 6?

Gloria dice que sí con la cabeza.

Hay un silencio que se espesa.

(¡El puto tapete verde!, grito por dentro.

Venir hasta McAllen por 1 puta acotación en la página 6.)

En la esquina más distante de la mesa Christian habla con su español-suizo.

—¿Para qué podemos leerlo todo el guión, y ver qué mal otra cosa le parece a Gloria?

A todos nos parece bien seguir leyendo.

111

A Gloria no le parece que Sergio diga leperadas.

—Nunca usaba groserías.

—¿Cómo diría esto entonces? —le pregunto.

—Sería sarcástico. Diría una ironía.

—¿Te parece por ejemplo que lo diga así «Si les dicen "salten ovejas", ustedes saltan»?

Gloria está de acuerdo.

Corrijo el diálogo de Sergio.

112

En la página 30, Gloria me pregunta si sé cómo se maquillaba en la cárcel.

—Dime.

—Tenía una pluma Bic negra y otra roja. La negra era para marcarme los ojos, la roja para pintarme los labios.

Hago una nota al margen del texto.

—Es un excelente detalle —le digo—. Gracias.

113

En la página 60, Armando no quiere que Gloria se acueste con el director del penal de Brasil.

—Parece una puta —se irrita.

(Respiran en mi cuello los perros de la rabia de Armando cada que escribo de él. Pero esto es cierto y hubo 10 testigos presenciales.)

Le contesto:

—Esto viene del libro de Gloria.

—No importa. No quiero que parezca una puta.

De nuevo los ojos de los 7 abogados se agrandan.

Digo:

—Hacer el amor con 2 hombres para cuando Gloria tiene 31 años, no creo que a nadie le parezca ninfomanía.

Pero Armando está furioso.

—¡No quiero la escena! —golpea con el puño la mesa.

Miro a Gloria: ella me pidió que contara así esa parte de la película. Pero Gloria no mueve un músculo.

—Bueno —concilio yo—, quitamos al director de la cárcel, no es imprescindible. Pero entonces se entiende que el hijo que Gloria tiene en la cárcel es o bien de Sergio Andrade o del Espíritu Santo.

El fantasma del temible Andrade recorre el salón.

Gloria le pide a Armando que salgan al jardín del despacho.

Noto entonces la consternación de los abogados. Están realmente afectados, murmuran entre sí, sacuden las cabezas.

Luego me contará Christian que todos son protestantes extremadamente religiosos, de hecho el abogado principal, Ray, es predicador. De todo lo dicho, les ha consternado 1 palabra emitida por Armando: puta.

114

Gloria regresa sola. Nos volvemos a sentar y a leer y a trabajar. Me sugiere usar otra canción en la secuencia de la hoja 80.

—*Cómo nace el universo.*

La tararea.

—Buena idea —digo yo y apunto al margen del guión.

Me aconseja usar la expresión que usó en la realidad en tal momento.

Me dice que entiende mis decisiones para abreviar tiempos.

Le agradezco.

Le gusta mucho que aparezca el poema de Pessoa sobre los amores ridículos.

—Es una adaptación —le cuento— de su poema *Todas las cartas de amor son ridículas.*

Se lo recito.

Esto es ya una fructífera sesión de trabajo. Un poco cara, por cierto. A 500 dólares la hora por cabeza de abogado. Aunque luego me enteraré de que los abogados de Gloria trabajan pro bono.

Gloria de 40 y tantos años llora cuando Gloria de 31 recibe las fotos de Ana Dalai en su celda.

En el guión las fotos no aparecen en una revista barata, como sucedió en la realidad, sino le llegan en un sobre de papel manila, y acompañadas por una cinta de grabación del periodista que se las envía.

Gloria de 31 años golpea con los puños cerrados la pared de la celda, arrepentida hasta la raíz de haber sido demasiado leal a Sergio.

—Me mintió —se asombra en el guión—. ¿Cómo pude suponer que no me mentiría también a mí?

Es la catarsis del guión, y de la Historia de la Infamia. Gloria paga al destino lo que le debe.

Observo de reojo a los abogados mientras en el guión Gloria se corta con la delgada navaja de un rastrillo para afeitar las venas de la muñeca. Cabizbajos, respiran lenta y sonoramente, uno se recoge con el dedo índice una lágrima del ojo.

En la penúltima escena, Gloria cruza el umbral de la cárcel a la luz cegadora de los *flashes* de la prensa.

La pantalla se va a blancos, dice el guión.

Luego dice:

Secuencia final. Canción inédita que Gloria cantará.

Según su contrato, Gloria aún debe componer esa canción y cantarla ante las cámaras.

115

—Me traicionaste —me acusa Gloria.

—¿Cómo te traicioné?

Nos hemos encerrado solas en otro despacho, con otra mesa ovalada.

—Basaste el guión en lo que te conté, pero también en lo que hablaste con otras personas.

—¿Por qué eso es una traición? ¿Debí creerte todo con los ojos cerrados? Acuérdate de que me pediste que fuera imparcial. Que fuera leal a la verdad. El método de cruzar información es el estándar en una investigación seria de la verdad.

Gloria resopla.

—Es como si para hacer la película de Selena —dirá a la prensa meses después— hubieran consultado a su asesina.

Y yo replicaré:

—Exacto, eso es lo que un buen guionista hubiera hecho.

Pero por lo pronto Gloria únicamente dice:

—Te llevo a tu hotel.

Pero antes de salir del despacho, a un paso de la puerta, le digo:

—Gloria, esto no tiene que ser así de doloroso. Si prefieres, negocia con los productores.

—¿Negocio qué? —pregunta.

—Regrésales lo que te han pagado. Cómprales de regreso los derechos.

La observo considerarlo.

—Y si por fin decides que se haga esta película, piensa en la última secuencia. Según convinimos, en la última secuencia tú, en el presente, cantas. Cantas y caminas hacia el centro de la Ciudad de México, y la gente va saliendo por las calles laterales y yendo tras de ti, bailando.

Le insisto, con una extraña premonición de que nos esperan cosas peores:

—Gloria, por favor piénsalo: no puedes arrancar tu pasado como si fueran algunas hojas de un diario. Pero puedes apropiártelo. Todo ese dolor, toda esa oscuridad. Y tú dar la vuelta a las hojas y tú escribir algo nuevo, que le dé a todo un nuevo sentido mejor.

Le digo a Gloria:

—Dice Goethe: lo que no te mata te fortalece.

116

Al bajar nosotros de la camioneta frente al hotel, Gloria baja también.

Reúne ante mí sus 2 manos como quien va a rezar y me dice algo inolvidable:

—Si en algo te ofendí, perdón.

187

—Gloria —reúno yo mis manos a la vez—, no me ofendiste, nos demandaste.

La veo subir a la camioneta.

Por la ventanilla me manda con la mano un saludo.

En el restaurante Christian y yo bebemos *whisky*, y él me dice que ahora falta que Gloria firme otra vez los derechos. Ya regresará él a McAllen a conseguirlo.

—De ninguna forma —me alarmo—. Te quedas acá en McAllen y no te vas de esa oficina de abogados hasta que te los firme. Dios, estoy fastidiada de tu puta película interminable.

117

Así que Christian se instala a la mañana siguiente en la sala de juntas de los abogados y anuncia que no se va hasta que Gloria asista y firme los derechos.

Pasan 12 horas, en que se alimenta de capuccinos y bolsitas de azúcar.

A medianoche, Christian se tiende a dormir sobre la mesa ovalada de la sala de juntas.

Al mediodía siguiente, urgida por sus abogados, Gloria llega dispuesta a firmarle el documento al suizo loco.

Christian le pide un poco de paciencia mientras coloca su celular en posición para grabar la firma.

En el video se puede ver a Gloria inclinada sobre el documento, firmando, y al gigante rubio mirando directo al ojo que atestigua ese instante.

118

Al poco tiempo suceden 2 cosas.

1. La coproductora enana se separa del proyecto por causas personales.

Su sirvienta mexicana en Nueva York la ha demandado porque la enana la abofeteó. En la crónica periodística, se ve al sindicato de sirvientas latinas indocumentadas protestando con pancartas ante su casa de ladrillos rojos.

¿Cómo pudo abofetear la enana a la sirvienta?, me interrogo. Sólo subiéndose a una silla, especulo.

Y 2. La revista *Quién* sale a los quioscos de venta con la foto de Gloria vestida de novia en portada.

bit.ly/Gloria_Quién

Ante un quiosco lleno de Glorias vestidas de blanco no puedo evitar recordar la premonición de Claudia:

—Cuando salga en la portada de *Quién* se desinteresará en que tú o cualquiera aclare nada de ella. La Fama es una luz intensa que borra toda mácula.

119

Lo predicho por la mulata insidiosa sucede bien pronto.

Rocío se bota de risa en el teléfono:

—Tienes que leer lo que dijo Gloria de ti en un programa de la farándula.

—Tú dímelo —le pido.

—Que eres una señorona.

—Ah gracias.

—Pero que estás incapacitada para contar su historia.

—¿Incapacitada?

—Dice que tienes un conflicto de intereses porque tienes un programa en TV Azteca y ella ha demandado a TV Azteca por difamación.

(¡El puto tapete verde!, exploto por dentro.)

—Qué curioso —contesto—. Habla conmigo a lo largo de meses, y luego descubre que no puedo contar su historia.

—Hay más —se divierte Rocío—. Dice que exige a los productores de la película que te sustituyan.

Me pongo seria.

Cualquier escritor sabe lo que se siente cuando su escritura corre el peligro de jamás ser vista por la luz del ojo ajeno.

Una pequeña muerte.

Y sin embargo me doy por vencida.

Que la coproductora enana transforme a Gloria en Blanca Nieves y el suizo se pierda en uno de los agujeros de un queso suizo.

Archivo los audios de las entrevistas y el *EXPEDIENTE* y mando todo al clóset donde guardo las cosas inservibles. Casetes y DVDs y CDs polvosos. Los restos de proyectos concluidos.

Un clóset donde noto una telaraña en un rincón alto. Cierro el clóset con un portazo.

Y me dedico a otro proyecto que me regresa al buque en el océano a convivir con mi autista favorita. La novela *El dios de Darwin*.

Circunnavegamos América del Sur durante meses, siguiendo la ruta que siguió Charles Darwin más de un siglo antes.

Sobre una isleta de hielo, mi autista predilecta me ordena:

—Para no resbalar camina como pingüino.

Observo a los pingüinos juveniles de la isleta. Una de las especies más mal diseñadas del planeta: con picos de gallina, alas sin plumas, torsos que son bloques de carne, patas de pato.

Porque se saben imperfectos, caminan a pasitos sobre sus patas de pato, bamboleando en bloque el bulto de su cuerpo, y así han sobrevivido en latitudes donde incluso los mamíferos más intrépidos han perecido.

Estamos vestidas con parkas voluminosas y blancas.

Caminamos como los pingüinos, sabiéndonos terriblemente imperfectas como ellos: caminamos a pasitos, para no resbalar.

XIV

120

En el año 10 de esta historia suceden varios eventos, en los que apenas tengo que ver.

El guión gana un subsidio del Estado mexicano, y un productor brasileño promete cubrir el dinero faltante: así se enriela hacia su producción.

Christian inicia las audiciones para elegir actores. Yo me encuentro en Nueva York, invitada durante algunos meses por la Universidad de Columbia, así que Christian me manda videos de las audiciones y las discutimos por skype.

Estos son los actores que nos gustan para los papeles centrales. Sofía Espinoza y Marco Pérez.

Esta es Sofía en un descanso en la camioneta de producción.

Christian viaja a Brasil a seleccionar locaciones. Antes, anuncia ante la prensa, con el coproductor mexicano, Matthias Ehrenberg, las fechas de filmación.

Y Gloria inicia una campaña de linchamiento contra la película para la que cooperó tan amablemente durante 8 años.

121

Gloria declara que nunca conoció a la guionista.

Dice que bueno, sí la conoció, pero le contó tonterías. «Anécdotas ligeras.»

Dice que bueno, sí habló con ella unas 4 veces, pero que para contar su vida se necesitan varias películas.

bit.ly/Gloria_DimesYDiretes

bit.ly/Gloria_DetienePelícula

Dice que fue traicionada por gente que deja anónima.

bit.ly/Gloria_HistoriaComoEs

bit.ly/Gloria_SeSienteEngañada

Dice que no autoriza la película, aunque no dice que firmó los derechos de la historia de su vida y aceptó no tener el derecho de autorizar el guión.

bit.ly/Gloria_MeEngañaron

bit.ly/Gloria_TVAztecaManipula

bit.ly/Gloria_PleitoPorFilme

Dice que por lo demás no le obsesiona esa película que será malísima.

bit.ly/Gloria_FansPelícula

bit.ly/Gloria_ComentariosPelícula

Lanza su nueva gira, llamada *De película*.

Y un nuevo abogado norteamericano, Howard E. King, toma el relevo luego de que Ray Thomas renuncia a representar más a Gloria, y se coloca en la 1.ª columna de linchamiento: jura en sucesivas entrevistas que la película «nunca se filmará».

bit.ly/Gloria_FrenarFilmación

Y cuando la película empieza a filmarse, el abogado jura en otras entrevistas que «nunca podrá verse más que en las salas de las casas de sus realizadores».

bit.ly/Gloria_DemandaProductores

122

2 cosas son las que durante ese periodo me admiran.

La prensa del espectáculo no verifica ningún dicho de Gloria, sólo lo publica y divulga. Nadie asiste al registro de autor para buscar el guión y su estatus legal. Nadie interroga a Christian sobre el monto que le ha pagado a Gloria.

Nada: cohetes de a mentiras, los dichos explotan en el cielo de los medios y se desvanecen.

Cierto, varios periodistas me piden mi versión. La doy a 3 de ellos. Pero sucede lo previsible: mis dichos tampoco se comprueban y se pierden entre los fogonazos efímeros. A nadie le parece relevante fijar la verdad. Alguna verdad. Así sea un centímetro de verdad.

Así que dejo de contestar a lo que dice Gloria a la prensa y observo con curiosidad cómo las líneas de tinta y los minutos de voz que infaman a la película se acumulan.

Y lo otro que me admira es esto. Christian nunca intenta acomodar el guión al placer de nadie. Hasta donde yo sé, ni siquiera busca otro guionista.

Al ir terminando el año 10 de esta historia, Gloria hace un llamado a sus fans para atacar a la película y mi twitter se llena de los insultos más ridículos y más soeces.

Mierda verbal.

Le hago llegar a Gloria un breve recado con un mutuo conocido.

Ella, que padeció el abuso contra su buen nombre, ¿podría detener la andanada de difamaciones?

No contesta y el abuso de sus fans por twitter escala.

Este es el tuit que al mismo tiempo más disfruto, por absurdo, y más me hiere, por injusto:

Eres una nazi, Berman.

123

Llamo al abogado Aguilar Zínser.

—Quiero demandar a Gloria Trevi por difamación.

Lo digo sorprendida: nunca nadie me ha demandado antes ni yo he demandado a nadie.

El abogado Aguilar Zínser me explica que puedo demandarla, y dadas las pruebas con que cuento, declaraciones públicas de ella, es probable que ganaré la demanda, pero no hay pena para los difamadores en México.

—¿Perdón? —me embronco.

—No, no hay castigo —dice el abogado.

Así que gastaría mi tiempo y mi dinero y al final no conseguiría mucho, sólo aumentar la rabia ciega de las hordas de fanáticos de Gloria.

Por otra parte, podría demandarla por daño moral, pero tendría que probar que sus dichos me han dañado de una forma concreta.

—¿Concreta cómo?

—Por ejemplo afectando tratos de dinero. Tendrías que darle una cifra al daño.

Lo que parece muy difícil en mi caso.

—¿Así que estoy a merced de la maledicencia? —le pregunto.

—Me temo que sí —dice Aguilar Zínser.

Me rebela la incuria mexicana por la verdad:

—Así que debo caminar bajo una tormenta de nieve enlodada.

Mi hiperbólica metáfora me sorprende aun a mí.

El abogado responde:

—Pues sí.

124

Christian me habla por skype a mi departamento en Nueva York.

Su voz suena adelgazada por la angustia:

—Se han retirado los productores brasileños. Se han asustado porque Gloria ha dicho en la prensa que no podremos exhibir la película.

Ahí está el daño concreto que necesitamos para demandar a Gloria: me enderezo en mi silla: ¡voy a demandar a alguien por 1.ª vez en mi vida!

Christian sigue:

—Tenemos 1 mes para empezar a filmar antes de que venzan los derechos de la vida de Gloria y no hay dinero suficiente para filmar.

—Si no filmas, ¿cuánto dinero perderías? —me intereso.

—No sé, algo como 3 millones de dólares —gime Christian—. ¿Qué piensas, Sabina?

Pienso que 3 millones de dólares distribuidos entre la cuenta de banco de Christian y la mía serían un bonito aumento a mis ahorros.

Pero pienso a continuación que demandar sería tirar al demonio 10 años de la vida de Christian.

—Estoy desesperado —dice el güero—. Simplemente no veo cómo salir de esta trampa.

Esta es la trampa: si no empieza a filmar, pierde los derechos, y si filma y no tiene dinero con qué terminar la película, se queda con media película inservible.

—Empieza a filmar —le aconsejo.

Christian empieza a filmar guardando de sus actores un secreto tremendo: lo más probable, no podrá terminar la película.

Esto me lo contará luego Christian.

Entra a la junta con el presidente de Universal en Latinoamérica, uno de los estudios y distribuidores más grandes de cine del planeta, y el joven ejecutivo, delgado y alto, de pelo negro, le anuncia que ha visto las 1.ᵃˢ escenas filmadas.

—Queremos comprarte la distribución —le sonríe.

Habla de un estreno en numerosas salas en México y en Norteamérica.

Christian quiere saltar al techo de alegría, abrazar al ejecutivo, besarle una mejilla y otra, ahora puede terminar de filmar sin problemas, pero de inmediato se muerde el labio inferior.

Buen ciudadano de un país de moral calvinista, lo confiesa:

—Debes saber que Gloria está en contra de la película.

El ejecutivo lo sabe.

¿Cómo podría no saberlo?

Para entonces Gloria ha hecho una campaña espectacular de infamia contra la película. No sólo en México, también en Norteamérica y Latinoamérica.

Lo último: en un centro comercial, luego que arrodillada imprimió sus manos en un cuadrángulo de cemento, puso a corear a miles de fans:

—La película no, la película no.

El *hashtag* NoAlaPelícula fue *trending topic* mundial.

El ejecutivo dice que eso no es necesariamente malo para la película.

—¿No? —adelanta el torso Christian.

—No, le da un valor agregado. La garantía de que no está hecha al placer de la protagonista.

Al emerger al aire helado del invierno de la Ciudad de México, Christian me llama por teléfono y yo respondo en el campus nevado de la Universidad de Columbia.

Christian camina en sus vaqueros gastados, que ahora prefiere ceñidos a las piernas, el celular pegado a su cabeza de pelo rubio, casi albino, y al borde del año 10 de su aventura me dice esto en su español de cheroqui:

—Escucha ahora. Lo está corriendo uno rumor.

—¿Cuál rumor? —le pregunto en inglés, caminando en mi abrigo negro hacia el pórtico impresionante de la biblioteca de la universidad.

Un umbral de piedra gris en cuyo quicio superior están grabados los nombres de 3 de mis escritores favoritos. Aristófanes, Eurípides y Aristóteles.

El gigante albino dice:

—A la Condesa —está dándole indicaciones al chofer del taxi que acaba de abordar. Y me contesta en inglés—: Que todo es un truco publicitario concertado entre Gloria y nosotros para promover la película.

—Ah vaya —respondo yo.

—Un truco diabólicamente astuto —se ríe.

—Ja ja ja —mi risa sale seca.

Porque es mentira. Ninguno de nosotros fue tan astuto ni tan cínico.

Tomo asiento a 1 mesa de la biblioteca. Saco de mi portafolios mi libretota de tapas negras. Debo hacer apuntes para una conferencia que daré en Columbia sobre el habla.

El habla bla bla de los primates habladores, nuestra ventaja evolutiva decisiva y también nuestro mayor tormento.

Destapo mi pluma fuente de tinta negra.

Pero mi atención se distrae hacia Aristóteles. El filósofo cuyas definiciones me enseñaron a pensar durante mi adolescencia.

Recuerdo su definición de la Verdad.

Verdad es cuando la palabra coincide con la cosa. Verdad es cuando la narración coincide con los hechos.

Y recuerdo a continuación otra oración de Aristóteles:

—Soy amigo de Platón, pero soy más amigo de la verdad.

Una oración donde cabe toda la historia que sucedió entre Gloria y yo.

Gloria me pidió que buscara una historia «clara y cierta» de su vida.

—Una historia lo más apegada en lo posible a la verdad —dijo ella.

Y también dijo:

—...para que la gente sepa con claridad qué sucedió.

Y por encontrar esa historia sobre Gloria apegada a la verdad, perdí la amistad de Gloria.

Me digo a mí misma que esta historia paradójica vale la pena contarse. Así que escribo una 1.ª oración.

—El tapete verde.